MW01106793

Luigi Pirandello

L'innesto
La patente
L'uomo, la bestia
e la virtù

a cura di Roberto Alonge

Arnoldo Mondadori Editore

© 1992 Arnoldo Mondadori Editore S.p.A., Milano

I edizione Oscar Tutte le opere di Pirandello giugno 1992

ISBN 88-04-35648-0

Questo volume è stato stampato
presso Arnoldo Mondadori Editore S.p.A.
Stabilimento Nuova Stampa - Cles (TN)
Stampato in Italia - Printed in Italy

Ristampe:

4 5 6 7 8 9 10 11 12 13 14

1999 2000 2001 2002 2003

Il testo di questa edizione segue gli emendamenti proposti da Alessandro d'Amico nell'edizione delle Maschere nude *pubblicata nei «Meridiani» di Mondadori (vol. I, Milano 1986; vol. II, Milano 1993).*

Il nostro indirizzo internet è:
http://www.mondadori.com/libri

Introduzione

«L *innesto*»: la prova (sempre fallita) del palcoscenico

Una donna sposata a un uomo quasi sicuramente sterile è violentata da un bruto che la rende gravida. Il marito vorrebbe che abortisse ma la donna riesce a convincerlo ad accettare il figlio nascituro come suo. Questa, in pochissime parole, la trama di una delle meno note e delle meno rappresentate commedie di Pirandello. Composta fra il settembre e l'ottobre del 1917, è offerta a Virgilio Talli che nel giugno dello stesso anno ha portato al successo un testo non meno difficile, *Così è (se vi pare)*. Pirandello gli spedisce il copione il 14 dicembre 1917, assicurando in una lettera che la commedia è «scritta appositamente per Maria Melato e a Lei dedicata». La Melato è la prima attrice della compagnia di Talli e ha accettato, con grande spirito di sacrificio, di ricoprire il ruolo della anziana signora Frola nel *Così è*. Pirandello ritiene evidentemente, in questo modo, di pagare un debito di riconoscenza. Talli però non è affatto convinto, né che il testo sia perfettamente adatto alla Melato, né, più in generale, che il testo abbia la capacità di imporsi all'attenzione del pubblico. Riportiamo un ampio brano di una lettera di Talli a Pirandello del 27 dicembre 1917:

[...] Le commedie sue non si capiscono con una semplice lettura. È successo questo a me col *Così è*, e forse *non è* accaduto al Ruggeri col *Piacere dell'onestà* che era una cosa semplice, piana, che però Ella non mi ha fatto nemmeno leggere. Alla ribalta le sue commedie risultano quali non paiono alla prima lettura. E per capirle bisogna recitarle. Secondo me *L'innesto* è meno ricco di doti adatte alla signora Melato di quanto Lei può aver pensato. I tre atti mi paiono precipitosi e brutali. Ci sarà il suo perché. Non lo capirò forse io giudicando col mio temperamento. Io trovo, per esempio, odiose le smanie gelose di "Giorgio" e ancor più odiose le smanie cancellatrici di "Laura" e consueto, troppo consueto, il *sentimento materno* che provoca il lieto fine. Benedetto sentimento materno! Io non discuto la sua naturale violenza, ma che non sia possibile scrivere una comemdia senza una madre che difenda il frutto del suo ventre? Per carità, non pigli queste mie povere note per giudizi pretenziosi. Io non giudico, faccio un mestiere banale e sono saturo di pagine erotiche e di sollevamenti spirituali improvvisi. *L'innesto* mi ha fatto l'effetto di un lavoro sulla cui base filosofica troppo vasta e profonda ho paura gravino sensualità volute e comuni, e per quella poca pratica che ho della scena, temo che la base non sarà scorta dal cervello dell'uditorio colla necessaria limpidità, e che risulti invece troppo crudo il dramma delle persone. Il non avere un successo mi dispiacerebbe assai. Comunque, vogliamo provarlo, *L'innesto*? Ma badi: occorrerà la sua presenza delucidatrice ad ogni prova. Rifletta e mi dia poi sulla sua venuta indicazioni precise.

C'è un sottile velo di risentimento in Talli che rinfaccia a Pirandello di non avergli nemmeno fatto leggere *Il piacere dell'onestà* che era «una cosa semplice, piana». Come dire che Pirandello è ricorso a lui perché gli mettesse in scena un testo difficile, rischioso quindi dal punto di vista del successo economico, regalando invece a un altro uomo di teatro, a Ruggero Ruggeri, una commedia scritta secondo un'impostazione più tradizionale, di più sicura presa sul pubblico, e pertanto pienamente remunerativa in termini finanziari. A Pirandello non può sfuggire ovviamente la segreta vena polemica della lettera e, puntiglioso com'è, non rinuncia a ribattere colpo su colpo. *Il piacere dell'onestà* non è per niente «una cosa semplice, piana» come Talli crede, ma «formidabilmente difficile, assai più "rischiosa" del *Così è*, una mostruosa maschera grottesca che improvvisamente al terzo atto si scompone e mostra un volto umano pieno di lagrime». Per quanto poi riguarda lo sgarbo di essersi rivolto ad altri dopo il successo del *Così è*, anche a questo proposito Pirandello non esita a rivendicare fino in fondo la correttezza della propria scelta: «L'ho offerta al Ruggeri perché la commedia poggia tutta quanta dal principio alla fine sul protagonista, che deve avere, a sorreggerla, spalle poderosissime. La prima sera, il Ruggeri, a Torino, n'era sgomentato: mi confessò lui stesso che, data l'audacia spaventosa dell'argomento, non aveva mai affrontato con tanta trepidazione una "prima", e che non credeva che un simile lavoro potesse uscir trionfante dalla prova scenica». La compagnia di Talli ha cioè una grande attrice della tempra di Maria Melato, ma non può vantare un primo attore maschile all'altezza di Ruggeri. Ma tutti questi sono ancora e solo colpi di spillo. Pirandello passa ad esaminare il cuore dei problemi, sposta l'obiettivo sulla sostanza profonda dell'*Innesto*:

[...] Non so perché *L'innesto* le paia poco adatto alla Melato. Io l'ho proprio scritto per Lei, per la sua voce e per i suoi occhi. Mi sembra che Lei, caro Talli, abbia veduto soltanto la parte esteriore, la materialità brutale del fatto, che per me è un dato e nient'altro, "il punto di partenza". Lei non ha misurato dove io "arrivo". E le pare che arrivi a un punto solito, alla difesa della maternità, che in questa commedia "non esiste affatto". Mi pare quasi una fissazione, la sua. La protagonista, Laura, dice esplicitamente al marito: "Tu non puoi credere che io volessi salvare in me *chi ancora non sento e non conosco*; io l'amore volevo salvare!". Che ci ha da fare, dunque, il sentimento materno? Sono un marito e moglie che si amano "da amanti", come chiaramente è lasciato intendere fin dalla prima scena; è naturale quindi che lo scempio di quella aggressione brutale provochi le smanie gelose nel marito-amante: naturalissimo, come naturalissimo che provochi in lei, nella moglie-amante, non le smanie cancellatrici (come Lei dice) ma il bisogno di stringersi a lui, per soffocare il ribrezzo che l'uccide. Ma questo, ripeto, è per me un punto di partenza. Il dramma non è qui. La passione non è qui. Di qui soltanto comincia. Come salvare ancora l'amore, quando quella necessità brutale non ha cagionato soltanto uno esempio momentaneo, ma un frutto odioso, un figlio? Il dramma è qui. E se Lei nota bene, ci sono rispecchiati, qui in questo dramma, i casi più miserandi della presente guerra, pur senza che la guerra vi sia mai nominata. (L'arte vera non toglie mai pretesto dalle contingenze del tempo: la guerra eterna, non questa del tempo, c'è stata sempre nella mia arte.) Sono i casi miserandi di tante mogli che han dovuto soggiacere all'amplesso brutale del nemico e sono state rese madri. Non si tratta di salvare il figlio, non si tratta di difendere il sentimento materno; si tratta di salvare l'amore, si tratta di rendere accettabili per mezzo d'una follia d'amore una sventura brutale e le conseguenze di essa: riscattare con un sacrifizio d'amore, amando fino a morirne, l'odiosità d'un frutto violento, facendo in modo ch'esso diventi come frutto d'innesto, perché innestato all'amore! Ecco il dramma; ecco il punto d'arrivo: questa passione di Laura, ch'è passione d'amante e non di madre, nient'affatto!

Dov'è qui la *sensualità voluta e comune*? Qui c'è un grande e ardente spirito d'amore, dal principio alla fine: poesia. E risulterà alla ribalta senza dubbio: perché appunto è *dentro*, questa poesia, e non nelle parole che si leggono.

Io credo veramente, caro Talli, che Lei per le tristissime condizioni del momento, per le tremende difficoltà dell'ora, si trovi in uno stato di grave depressione psichica che le annebbia un poco quella bella e chiara intelligenza che ho sempre e tanto ammirato in Lei.

Facciamo una cosa: non parliamo più di niente, e aspettiamo tempi migliori. Io lavoro con tutta la mia anima e con tutto il mio sangue; non ho più vita per me; sento solo di vivere, lavorando, nella vita che creo con questo mio spirito troppo complesso e troppo tormentato. Non posso scrivere cose facili e piane; non ne ho mai scritte né saprei. Aspettiamo tempi migliori. Non potrei venire a Milano per lungo tempo: ho i giorni contati, fino al 13 di gennaio; poi si riapre l'Istituto Superiore dove insegno. Io non ho la minima fretta! Le ho mandato *L'innesto* per ottemperare a una promessa e perché Lei parecchie volte me l'ha ricordata. Non m'aspettavo, Le confesso, che Lei dovesse dirmi: "Vogliamo provarlo *L'innesto*? Proviamolo". No, caro Talli: così no, come una concessione. Di pieno accordo, a braccia aperte. Ma così no.

Se crede, aspetteremo la sua venuta in Roma, in ottobre. Forse, a mente più serena, avrà veduto allora che *L'innesto* è un lavoro degno del mio nome e che merita una più equa considerazione.

Pirandello preferisce dunque rinviare all'ottobre del 1918 la messinscena dell'*Innesto*. Perché Talli abbia il tempo di assimilare il testo, ma anche per eliminare, machiavellicamente, qualche elemento di tensione con Ruggeri che sta portando in giro, di successo in successo, *Il piacere dell'onestà* e che è ovviamente allarmato dalla notizia che si sta allestendo un nuovo lavoro del drammaturgo. L'attenzione del pubblico e della critica per il *Piacere* sarebbe infatti distratta dalla curiosità comprensibilmente sollevata dall'ultima novità. Il 31 dicembre 1917 Pirandello scrive a Ruggeri: «Credevo, da una frase contenuta nella sua ultima lettera da Genova, che Ella esitasse a mettere in scena a Milano *Il piacere dell'onestà*, nuovo costà, mentre ai Filodrammatici era in preparazione un'altra mia novità. Mi persuasi anch'io che ciò non era conveniente in nessun modo, e togliendo a pretesto il desiderio per me inaccetabile del Talli, ch'io assistessi a tutte quante le prove dell'*Innesto*, dalla prima all'ultima (il che avrebbe importato una permanenza di almeno 20 giorni a Milano), ho rimandato alla venuta della Compagnia Talli qua a Roma, nell'ottobre dell'anno venturo, la prima dell'*Innesto*. Così *Il piacere dell'onestà* avrà tutto l'agio di proseguire, unica novità mia, con Lei, per tutto un anno».

La realizzazione dell'*Innesto* slitterà comunque ancora, dall'ottobre del '18 gennaio del '19. La prima avverrà a Milano, al teatro Manzoni, il 29 gennaio e darà ragione alle resistenze di Talli, alle sue diffidenze. In data 5 febbraio Marco Praga stende una lunga recensione in cui parla di «mezzo successo». Rinfaccia a Pirandello di essersi illuso di aver scritto – una volta tanto... – un dramma passionale, anziché il solito testo filosofeggiante e pirandellista, mentre invece il risultato finale (a parere del critico) è ancora e sempre un frutto pienamente in linea con la poetica densa di rovello riflessivo cara al drammaturgo. Analogo insuccesso di pubblico si ebbe con le repliche torinesi. In quella occasione Antonio Gramsci recensì lo spettacolo sull'«Avanti!» del 29 marzo 1919. Gli sembrò di poter indovinare una certa esitazione in Pirandello, quasi una specie di timidezza, ad articolare fino in fondo una tematica indubbiamente scabrosa per i gusti del pubblico borghese del tempo. Pirandello avvolge il tema dell'*Innesto* – dice Gramsci – «in una artificiosa bambagia di dialogo a mezzi termini, ad accenni, a furtività sentimentali, accatastando tre gradi di vita in cui il problema si presenta (la pianta, una rozza villanella e la spirituale signora Banti), quasi non sapesse come esprimere al pubblico e come organare in atto la concezione che pure era chiara nella sua fantasia». Che è poi la stessa critica di fondo che muove Tilgher in occasione della prima romana, il 21 maggio dello stesso anno. Mentre però Gramsci giudicava non riusciti tutti e tre gli atti del dramma, Tilgher salvava il primo, che trovava «ammirabile», scrivendo appunto: «È mancato al Pirandello il coraggio di affrontare la situazione in tutta la sua crudità e gli ha fatto difetto l'abilità squisita con cui aveva girato gli ostacoli nel primo atto». Le reazioni del pubblico romano furono estremamente violente. Tilgher riferisce di «intemperanza di una scostumata ed insolente minoranza sconciamente irrispettosa». La conseguenza fu che nessuna compagnia osò più riproporre il testo che dovette attendere la nascita della compagnia pirandelliana del Teatro d'Arte per avere la possibilità di una prova d'appello. Pirandello la allestì per la prima volta a Catania, Teatro Sangiorgi, il 17 dicembre 1927: Marta Abba e Lamberto Picasso nei ruoli protagonistici. Pochissime le riprese e in genere per una sola replica. Scarse le notizie sulla realizzazione, ma l'impressione che se ne ha è che nemmeno la regia di Pirandello riuscì a ribaltare il giudizio negativo – di pubblico e di critica – di otto anni prima. Il recensore della «Nazione», Ferdinando Paolieri, parla di intreccio di «così discutibile gusto» e di «discussione tra clinica e psicopatica» che ondeggia «su argomenti disgustosi». S'intende che – a fronte di una celebrità ormai affermata da parte di Pirandello – è costretto a riconoscere qua e là «la zampa del leone», ma non può impedirsi qualche scatto più spontaneamente veritiero: «Quella signora che va a dipingere e ritorna conciata in quel modo è veramente grottesca, né ci voleva meno

della mano rapida e sicura del Pirandello per far inghiotti-
re al pubblico un simile soggetto». In realtà non c'è nulla
di particolarmente grottesco nell'ingresso di Laura Banti
ferita e sanguinante, così come previsto dalla didascalia
pirandelliana. È chiaro che il critico della «Nazione» riflette semplicemente il disagio del pubblico – di un pubblico abituato a una drammaturgia poco più che "gastro-
nomica" – a vedere introdotto nel salotto borghese della
tradizione teatrale ottocentesca un argomento tabù.

La rimozione dell'*Innesto* sembra un dato permanente e
definitivo. Nessun regista e nessun attore di qualche spessore hanno più osato riproporre sulle scene il dramma in
questione. Un'edizione del Teatro dei Filodrammatici di
Milano, per la regia di Fabio Battistini, ha comunque ri-
scontrato, ancora una volta ("prima" del 3 maggio 1978) il
totale disinteresse del pubblico. Nemmeno il cinquantena-
rio della morte di Pirandello, che pure ha comportato una
dose massiccia di allestimeni pirandelliani e di riscoperte
vere o presunte, ha costituito l'occasione per un ripensa-
mento serio e approfondito di un testo che continua a
sembrarci tanto enigmatico quanto affascinante.

Uno stupro o un giallo?

Il primo atto si apre sul solito salotto borghese «elegantemente mobiliato». Al «levarsi della tela» la signora Nelli,
«in visita, attende, sfogliando in piedi presso un tavolinetto una rivista illustrata». La signora Nelli è una buona
amica della protagonista, ma se è venuta in visita è perché
l'ora è acconcia e ritiene di poter trovare Laura Banti, che
l'abbia avvertita o che non l'abbia avvertita precedentemente. È un primo dato inquietante. Sono tre giorni che
– giorno dopo giorno, uno di seguito all'altro – Laura
Banti se ne esce al mattino per andare a dipingere, da brava pittrice dilettante. Dobbiamo a Giuletta – la sorella
minore, che ha dei conti da regolare con la sorella maggio-

re, come comprendiamo da diversi spunti, e come è normale in tutte le buone famiglie... – qualche spezzone di informazione più piccantemente curioso. La signora Nelli chiede se Laura manca da troppo tempo, e Giulietta, pronta: «Ma sì! Da questa mattina, alle sei; si figuri!». E subito dopo: «Ma jeri e l'altro jeri, capisce? alle undici al massimo è stata di ritorno. Ora, a momenti è sera, e...». La didascalia introduttiva del secondo atto ci dirà che siamo in «autunno» e dal marito, Giorgio, sapremo che «è volato più di un mese» fra primo e secondo atto. Il primo atto si svolge dunque in agosto, e se «a momenti è sera» vorrà dire che siamo intorno alle diciannove-venti. Rispetto all'ora consueta del ritorno a casa, collocato verso le undici, c'è uno scarto preoccupante di otto-nove ore. Ha ragione la solita Giulietta a commentare: «È veramente strano, creda. Sto in pensiero». Giulietta rappresenta lo spirito critico del salotto borghese. La signora Nelli e la madre sono accomodanti a spiegarsi il ritardo con l'esigenza artistica di finire il bozzetto, ma la sorellina ribatte punto su punto: «No, ecco, per questo non si spiegherebbe, scusi. Chi esce da tre giorni quasi all'alba, vuol dire che s'è proposto di ritrarre... non so, certi effetti di prima luce che, avanzando il giorno, non si possono più avere». Il che spiega, con ferrea logica circolare, il ritorno di Laura sempre alle undici del mattino, nei due giorni precedenti.

Il dialogo iniziale a tre – Giulietta, la madre Francesca, l'amica signora Nelli – è decisivo per la sua capacità di suggerire un clima di segreta irrequietudine. L'informazione che Giulietta lascia cadere pesantemente (e che abbiamo già citato: «Ma sì! Da questa mattina, alle sei; si figuri!») ha l'effetto di una pietra gettata nello stagno. La prima replica della signora Nelli è di scandalizzato stupore: «Uh! Alle sei? Laura è uscita di casa alle sei?». Non sa ancora, la poverina, che sono tre giorni di seguito che si alza alle sei, per andare – tutta sola – a dipingere a Villa Giulia. I ricchi signori Banti hanno uno *chauffeur*, ma Laura

Banti non ritiene necessario farsi accompagnare nelle sue uscite mattutine al parco, nel mese di agosto. La madre e l'amica fingono di credere alla passione artistica di Laura ma Giulietta è implacabile nel gettare acqua sul fuoco:

SIGNORA NELLI   Se ha ripreso a dipingere coll'antico fervore...
GIULIETTA   No, che! Non ha più nessun fervore, Laura.
FRANCESCA   Ma quando si prende marito, sfido! Queste sono cose, come si dice? adorni, ecco, adorni, signora mia, per le ragazze. Non le pare? Però mio genero li vuole, sa! Bisogna dire la verità! La spinge lui, mio genero.
SIGNORA NELLI   E fa bene! Ah, certo. Fa benissimo. Sarebbe un vero peccato che Laura, dopo tante belle prove...
GIULIETTA   Non lo fa mica per questo, mio cognato. Forse, se Laura vedesse in suo marito una certa passione per la sua arte... Ma sa che la spinge a riprendere la tavolozza, come la spingerebbe... che so? a qualunque altra occupazione...
FRANCESCA   E ti par male? Bisogna pur darsi un'occupazione. Signora mia, quando si è cresciute, come le mie due figliuole, negli agi... Sa qual è il vero guaio qua? Che mancano i figliuoli!

La concatenazione dei discorsi evoca un profilo di coppia in crisi. Una moglie che lascia il tepore del letto coniugale prima delle sei di mattina, simulando un «fervore» artistico che non ha, sta operando un evidente processo di sublimazione, incoraggiata da un marito che la spinge come la spingerebbe a non importa quale altra attività. E il punto di arrivo di tutti questi giochi a rimpiattino è il solito di tanti personaggi pirandelliani. Ancora una volta, come sempre in Pirandello, si ritorna al punto canonico e fondamentale della figliolanza. C'è crisi nella coppia perché non ci sono figli. Più lo scambio dialogico procede e più si puntualizza questo centro focale:

SIGNORA NELLI   [...] Lo desidera dunque il signor Banti, il figliuolo?
FRANCESCA   No, Laura! Lo desidera Laura! Tanto! Giorgio dice che lo desidera per lei.

GIULIETTA   E naturalmente, allora, Laura lo desidera per sé!
FRANCESCA   Ma che dici? Perché dici così? Vuoi far credere alla signora qua, che Laura non sia contenta di suo marito?

La malignità che ormai conosciamo bene della sorellina fa emergere quello che sappiamo da tempo; che da sempre la donna pirandelliana è insoddisfatta dell'uomo, che vive unicamente nella pulsione materna per i figli. La signora Francesca è divertente perché redarguisce la figlia minore che sembra gettare una luce troppo cruda sul *ménage* di Laura, ma poi, nella sua goffaggine un po' sguaiata, è ancora più crudele: «La donna, signora mia, dopo tanti anni, se non si hanno figliuoli, sa che cosa fa? Si guasta. Glielo dico io! E anche l'uomo si guasta. Si guastano tutti e due. Per forza! [...] Perché l'uomo perde l'idea di vedere domani nella propria moglie la madre, e... e... e... con lei mi sono spiegata, è vero?». Si sovrappongono naturalmente delle etiche diverse a proposito del significato della vita di coppia. Per la signora Francesca, e per la signora Nelli (e probabilmente, almeno in parte, anche per Laura) il matrimonio ha senso solo in quanto assicura la continuazione della specie, nella misura in cui colloca i figli come realtà fondante dell'assetto coniugale. C'è una connotazione peggiorativa evidente nel termine che usa la madre, e proprio perché riferito alla figlia: la donna "si guasta", investe troppo sulla dimensione corporale di sé. Pirandello l'ha ben detto nella lettera a Talli che abbiamo ricordato precedentemente: «Sono un marito e moglie che si amano "da amanti", come chiaramente è lasciato intendere fin dalla prima scena». Vivere senza figli è – per quel cattolico che Pirandello ha sempre nascosto di essere – vivere da amanti. Ed è ben vero che la cosa è lasciata intendere fin dalla prima scena, ma attraverso l'interpretazione deformante della madre, per la quale due coniugi-amanti sono due esseri "guastati", bacati, in qualche modo immorali.
   Ma c'è una visione diversa delle cose, ed è quella offerta principalmente (se non esclusivamente) dal marito, da

Giorgio. Sappiamo poco di lui, del suo passato, ma quel poco che conosciamo riguarda tutto la sua componente erotica, i suoi interessi sessuali. Nel secondo atsto viene evocato il suo passato di «signorino» ventenne alle prese con la contadinella sedicenne, la Zena. La ragazza era già fidanzata con un suo pari, ma non era questo ad impedire al signorotto feudale di imporre la pratica del vassallaggio sessuale ai dipendenti delle terre avite (Laura chiede se Giorgio sapeva che lei era già fidanzata, e la Zena di rimando: «Sissignora, come non lo sapeva?»). Da sempre Giorgio si muove nella prospettiva della dissipazione, dell'esercizio amoroso come vizio fine a sé stesso. Sono in due a possedere contemporaneamente la Zena, ma a ingravidarla è il giovane contadino. Giorgio è fisiologicamente sterile perché questo è il suo contrassegno, questa è la condanna che Pirandello riserva al personaggio che ha deciso di vivere unicamente la vita dei sensi. E condanna si aggiunge a condanna, come comprese subito, lucidamente, Adriano Tilgher (se ne veda la recensione in Appendice, insieme alle altre due recensioni di Praga e di Gramsci). Proprio perché per Giorgio Laura è «la donna violentemente desiderata ed amata», lo stupro colpisce alla radice il suo amore. Scrive ancora Tilgher: «un altro ha posseduto quel corpo che doveva essere il tesoro e la delizia dei suoi baci». E c'è di più. La punizione pirandelliana si alimenta alla legge del contrappasso: colui che rubava le donne degli altri si vede a sua volta rubata la proria; alla violenza psicologica del «signorino» dai gusti tardo-feudali subentra la violenza fisica dell'anonimo bruto che ha violentato Laura. Il Delegato dice che è stato «un villanzone». Forse è solo un modo di esprimersi ma siamo pronti a giurare che il piacere pirandelliano per un tipo di scrittura cifrata (messo in luce recentemente dal libro di Artioli) autorizza una lettura etimologico-letteraria: non può che essere un «villanzone», cioè un villano, cioè uno zotico abitante della villa, del contado, l'uomo che si vendica del «signorino» avvezzo a sedurre le donne dei suoi villani.

Lo stesso Giorgio ne sembra, per un attimo (ma per un attimo soltanto) consapevole, là dove commenta amaramente: «È la selva! È ancora la selva! È sempre la selva originaria! Ma prima almeno c'era l'orrore sacro di quel mostruoso originario, nella natura, nel bruto... Ora, una villa coi suoi viale e le siepi e i sedili... Una signora, in cappellino, che vi sta a dipingere, seduta... Ed ecco il bruto. Ma vestito, oh! Decente. Mi par di vederlo! I baffetti pettinati... Chi sa se non aveva i guanti! Ma no: l'ha tutta sgraffiata!» (così almeno nella prima stampa del 1921; nell'edizione definitiva scompare l'accenno ai «baffetti pettinati»). Giorgio non può accettare l'idea del contrappasso, il pensiero che il violentatore sia il vendicatore di quel mondo subalterno di cui egli ha sempre disposto a proprio piacimento. Alla *villa rusticana* contrappone la nozione della *villa cittadina* (di Villa Giulia appunto, dove è avvenuto il misfatto). Insiste a definire il ritratto paradossalmente urbano dello stupratore (i baffetti pettinati, i guanti...) ma si lascia sfuggire la comprensione esatta dei fatti. Crede che i graffi che Laura ha riportato sul collo le siano stati inferti dall'aggressore, mentre invece – vedremo meglio più avanti – sono state le spine di una siepe di rovi.

È tempo però di analizzare più da vicino proprio la dinamica del crimine, così come emerge dalla ricostruzione del Delegato. È giusto non esitare di fronte a un ampio stralcio di citazione:

NELLI   Un'aggressione?

IL DELEGATO   Già. A Villa Giulia, pare.

SIGNORA NELLI   Vi s'era recata a dipingere.

IL DELEGATO   Io non so bene ancora. Sono stato incaricato delle prime indagini.

SIGNORA NELLI   Vi andava da tre giorni.

NELLI   Sempre allo stesso posto?

SIGNORA NELLI   Pare! L'ha detto Giulietta. Ogni mattina, alle sei.

NELLI   Ma come mai? sola?

IL DELEGATO   Un guardiano della villa la trovò per terra.

SIGNORA NELLI   – svenuta? –

IL DELEGATO   – dice che non dava segni di vita. Pare che abbia sentito prima i gridi della signora.

SIGNORA NELLI   Ma come? E non è accorso?

IL DELEGATO   Dice ch'era troppo lontano. La villa è sempre deserta.

NELLI   Ma che pazzia! Andar così sola!

SIGNORA NELLI   Ecco là la scatola dei colori...

Gli altri due si voltano e restano con lei a guardare quella scatola con quell'impressione che si prova davanti a un oggetto che è stato testimonio d'un dramma recente.

IL DELEGATO   Già, e il cappello...

Pausa.

Furono trovati dal guardiano a molta distanza dal posto dove la signora giaceva.

NELLI   Ah! Ma, dunque...

IL DELEGATO   Evidentemente la signora avrà tentato di fuggire.

SIGNORA NELLI   Inseguita?

IL DELEGATO   Non so! Una cosa incredibile! Fu trovata riversa tra le spine d'una siepe di rovi.

SIGNORA NELLI   (*stringendosi in sé, per orrore*) Ah! forse voleva saltare...

IL DELEGATO   Forse. Ma ghermita lì...

SIGNORA NELLI   Era tutta strappata! Il collo, la bocca... Una pietà!

NELLI   (*tentennando il capo, con amara irrisione*) Tra le spine...

IL DELEGATO   Un villanzone. Pare che lo abbia visto, il guardiano.

NELLI   (*con ansia*) Ah sì?

IL DELEGATO   Sissignore. Buttarsi di là dalla siepe. Un villanzone, un giovinastro. Ma invece d'inseguirlo, come avrebbe dovuto, pensò di soccorrere la signora, e...

S'interrompe, voltandosi verso l'uscio a sinistra, donde vengono voci concitate.

Arturo Nelli è avvocato di professione, come ci informa la tavola dei personaggi. Introduce pertanto nel suo argomentare un puntiglio da causidico tanto motivato quanto per noi inquietante. Si stupisce che Laura abbia potuto decidere di andare per tre giorni di seguito a dipingere, «così sola», alle sei del mattino, e «sempre allo stesso posto». Una maniera sicura, indubbiamente, per provocare un'aggressione... Anche il Delegato non manca di insinuare sospetti preoccupanti. Dice che la scatola dei colori e il cappello «furono trovati dal guardiano a molta distanza dal posto dove la signora giaceva». Nel tentativo di sfuggire all'aggressore, ovviamente, ma in un tentativo stranamente coronato da (parziale) successo, dal momento che è riuscita a arrivare «a molta distanza» dal punto iniziale. Si potrebbe immaginare che il bruto fosse un uomo di una certa età, forse un vecchio, ma è ancora il Delegato a precisare che si è trattato di un «giovinastro», visto perfettamente dal guardiano della villa. Resta insomma intatto il mistero di una donna imprigionata nelle gonne lunghe degli anni venti che riesce a correre più velocemente di un giovinastro. Anche la signora Nelli si mostra stupita («Inseguita?»), e la risposta del Delegato è non meno eloquente: «Non so! Una cosa incredibile!», (nel senso etimologico, appunto, che è in-credibile, che non si può credere). E rimane il profilo ambiguo e conturbante di una donna «ghermita lì», cioè al limitare della siepe di rovi che si accingeva a saltare, posseduta forse *more ferarum* (come converrebbe alla bestialità contadina...), in mezzo alle spine: il che spiegherebbe perché siano il collo e la bocca a portare i segni dei rovi.

Ci rendiamo conto che il nostro può sembrare un approccio investigativo un po' troppo poliziesco, ma troppi particolari risultano enigmatici. Il guardiano ha sentito «i gridi della signora» ed è accorso: non così velocemente da poter impedire lo stupro (essendo «troppo lontano») ma abbastanza velocemente da poter vedere il villanzone giovinastro «buttarsi di là dalla siepe». Non lo ha inseguito per aiutare la signora, ma questo è allora un dato estremamente importante. È chiaro insomma che Laura è stata soccorsa praticamente subito, che non ha dovuto giacere svenuta per ore e ore. Il che rende più problematico il conto delle ore. L'incidente non può essere avvenuto più tardi delle undici di mattino, giacché a quell'ora la donna era solita rientrare a casa a causa degli effetti di prima luce di cui ci ha parlato Giulietta. Ma cosa è avvenuto fra le ore undici del mattino e le ore diciannove-venti su cui si apre il primo atto (abbiamo già detto che nella prima scena «a momenti è sera», e a metà dell'atto la madre informa che «è già sera»)? Si potrebbe pensare a una lunga odissea fra ospedali e commissariati di polizia. Ma Laura entra in scena «con gli abiti e i capelli in disordine», «le fa sangue il labbro. Ha, lungo il collo, aspri, sanguinosi strappi». È evidente che non è ricorsa alle prime cure di un pronto soccorso. Entra, sì, sostenuta dal Delegato, ma questo non significa affatto che abbia perso tempo in stazioni di polizia. Il Delegato mostra di sapere ben poco («Io non so bene ancora. Sono stato incaricato delle prime indagini»). E un po' dopo dirà: «Io no so nulla, signore. Sono qua per le indagini». E per due volte l'avvocato Nelli – che conosce il suo mestiere – invita il Delegato ad andarsene («Vuol dire che mi recherò io in pretura, o passerò dal Commissario»), il quale, alla fine, accetta appunto di partirsene senza avere nemmeno avviato l'indagine («Io per me, tanto più che il medico ha detto di non farla parlare per ora, posso ritirarmi»). Non è difficile insomma comprendere che è stato il guardiano della villa a chiamare il Delegato perché accompagnasse la signora a casa sua, senza alcun indugio né in ospedali né in commissariati. Esiste insomma una concatenazione serrata dei tempi; non può essere trascorso più di un'ora o due dal momento della violenza: il tempo materiale strettamente necessario al guardiano per chiamare il Delegato e far accompagnare la donna direttamente a casa. Se il fatto è avvenuto, come tempo limite, alle undici del mattino, il ritorno a casa di Laura dovrebbe avvenire intorno alle tredici al massimo. Pirandello lo ambienta invece alla tarda serata. Può essere, semplicemente, banalmente, una incongruenza di Pirandello (che però è scrittore molto attento e calibrato in questo ordine di problemi). O può essere un piccolo giallo che la diabolica penna pirandelliana ci regala. Il giallo di uno stupro che cela un qualche segreto inconfessato e inconfessabile. Non vogliamo dire che la signora Banti sia ricorsa a un amante (simulando poi uno stupro) o che abbia incautamente incoraggiato un anonimo ammiratore. Diciamo semplicemente che, almeno a livello inconscio, questo stupro Laura Banti se lo è cercato, l'ha desiderato. Perché andarsene tutta sola per un parco alle sei del mattino, del mese di agosto, per tre giorni di seguito, è un modo infallibile per attirarsi una violenza carnale, come mostra di capire anche l'avvocato Nelli.

Resta naturalmente da capire il perché...

Una protagonista femminile di grande ricchezza

Laura Banti è figura femminile di notevolissima complessità psicologica, degna della prova di una grande attrice, e aveva ragione Pirandello a ritenere di aver composto una parte all'altezza delle possibilità di un'interprete della levatura di Maria Melato. Una parte in qualche modo insolita rispetto alla tradizione drammaturgica, almeno nel primo atto, in cui la protagonista non ha quasi battute e, ciò nonostante, risulta dominante per la sua *presenza* sulla scena. La vediamo solo in due sequenze, brevissime, ma che imprimono di sé in maniera indimenticabile tutto l'atto: l'arrivo nel salotto dopo la violenza subita e il ritorno in finale di primo atto. Nel suo primo ingresso Laura è «in preda a un convulso crescente, di ribrezzo e di disperazione». È una maschera di sofferenza e di disgusto, ma che non rinuncia allo slancio generoso verso gli altri. Ha la forza di respingere «per impulso istintivo, ma pur con angoscioso affetto, la sorella» che vuole abbracciarla, che vuole cingerla con le braccia vedendola entrare cascante e disfatta. Laura si sottrae a Giulietta perché desidera che l'innocenza verginale della sorellina non sia turbata dal contatto con il suo corpo reso impuro dalla violenza sessuale patita. Pirandello non sceglie mai i suoi nomi a caso. Giulietta evoca ovviamente la candida eroina quattordicenne dello shakesperiano *Romeo e Giulietta*, e Laura non potrebbe dire meglio la spiritualità del personaggio, la sua levità aerea di ascendenza petrarchesca (*L'aura*). L'adolescente Giulietta non deve scoprire il risvolto feroce e brutale del sesso. Laura non ha ancora detto nulla di sé, della sua aggressione, ma il primo pensiero va alla sorella, cui cerca di risparmiare brutture e disgusto: «No... tu no, Giulietta... Va', tu... va'... va'...». E solo dopo che Giulietta sarà uscita dalla stanza, accompagnata dalla signora Nelli, potrà parlare della sua disgrazia. Ma con pochissime parole. Pirandello ha compreso perfettamente che i grandi dolori sono muti e si affida essenzialmente all'icasticità del gesto, della mimica del corpo. Il lavoro dell'attore è tutto sulle didascalie e solo marginalmente nelle battute:

LAURA (*mostrando il collo alla madre*). Guarda... guarda...
FRANCESCA Ma chi è stato? Chi?
LAURA (*non può parlare; il convulso è giunto al colmo; tre volte, fra il tremore spaventoso di tutto il corpo, storcendosi le mani per l'onta, per lo schifo, grida quasi a scatti*) Un bruto... un bruto... un bruto...

E rompe in un pianto che pare un nitrito, balzante dalle viscere contratte.

La Laura di questa sequenza è in siffatta immagine bloccata di umanità ferita a morte, umiliata e offesa. La madre si precipita su di lei e, sentendola mancare, la trascina via con l'aiuto della cameriera. Non vedremo più Laura sino alla fine dell'atto. Ma cogliamo intanto la specificità dell'espressione pirandelliana: un pianto che è «un nitrito» e lo schema di un triplice grido di disgusto («Un bruto... un bruto... un bruto...»). Pirandello fissa qui una cadenza destinata a diventare cifra stilistica. Due anni più tardi, nel

1919, ritorna in *Come prima, meglio di prima*. Fulvia è anche lei una donna ferita, che ha vissuto sempre il sesso come violenza, oscenità, laidume. Quando parla dell'amore dei maschi per lei ha un brivido lungo di ribrezzo, «come un nitrito», e scandisce ella pure con triplice ritmo: «Che schifo! Che schifo! Che schifo!». Ma proprio nel confronto emerge la peculiarità inconfondibile del personaggio di Laura Banti. Se la donna pirandelliana è generalmente frigida, sessuofoba, se patisce l'amore come stupro, Laura Banti, che lo stupro l'ha sofferto davvero, in tutta la sua devastante brutalità, è paradossalmente aperta all'eros, alla vita del corpo, come dimostra in maniera indubitabile già il finale del primo atto.

Per tutto il primo atto Giorgio ha ripetuto continuamente la sua incapacità di riaccostarsi alla moglie che giace, distrutta, nella propria camera da letto. Ha proclamato il suo «diritto» di uccidere l'aggressore, ha urlato il suo sogno delirante di andare da lei, sul suo letto, e di ucciderla, così, innocente. Alla fine opta per la soluzione meno sanguinaria di andarsene a dormire in villa, da solo, accompagnato dall'autista. Ma basta la presenza muta di Laura che compare sull'uscio perché ogni scelta di rottura cada, frani irresistibilmente. Ancora una volta ciò che conta è la scrittura delle didascalie, non quella dialogica. Il finale d'atto è solo una lunghissima didascalia:

Il cameriere, via. Giorgio fa per ritirarsi, quando Laura appare sull'uscio a sinistra, pallida, in una vestaglia violacea, con un velo nero al collo. Giorgio, appena la vede, leva le mani come a parare la pietà che gli ispira, e ha in gola un lamento, che è come un ruglio breve, cupo; d'esasperazione e di spasimo. Laura lo guarda e gli s'appressa, lenta, senza dir nulla, ma esprimendo col volto il bisogno che ha di lui, di stringersi a lui; e nel suo avanzarsi, la certezza che egli non fuggirà. Giorgio, come se la vede vicina, rompe in un pianto convulso e cecamente, in quel pianto, la abbraccia. Ella non muove un braccio: ma è lì, sua. Solo alza il volto come in uno stiramento di tragica aspettazione, che egli cancelli comunque, con la morte

o con l'amore, l'onta che la uccide. E come egli, preso già dal-
l'ebbrezza della persona di lei, sempre singhiozzando, le cerca
con la bocca le ferite nel collo ancora proteso, piega la guancia
appassionatamente sul capo di lui, con gli occhi chiusi.

Tela

La carica erotica di Laura è in questo suo parlare non con
le parole ma con il corpo, con il volto soprattutto (indicato per ben due volte espressamente), con i gesti, con i ve-
stiti. Non passerà inosservata la strategia dell'abbigliamento e dei colori: vestaglia violacea e velo nero al collo.
Un tocco di fascinazione sensuale mista alla vena lugubre
e luttuosa ovviamente dominante. Si muove con la lentezza calcolata della vittima sacrificale, pronta appunto anche
ad essere uccisa da lui. Se l'amico Nelli trovava «irragionevole» la sua fantasia di uccidere la moglie, Laura mostra
invece di accettarla, sia pure come ipotesi estrema: o l'a-
more o la morte, le due sole maniere di cancellare comple-
tamente la vergogna che la riempie e la sommerge. Laura
vince perché conosce la psicologia del suo uomo e si colloca sul suo terreno. È come egli la vuole: «Ella non muove
un braccio: ma è lì, sua» Giorgio non può accettare che
un un altro uomo abbia posseduto ciò che considera sua
propria e privata possessione. Laura potrà piegare questo
rifiuto soltanto dimostrando di poter essere *più sua* ancora, concedendogli un diritto di morte (e non solo un diritto di amore) su di lei. Il bruto ha avuto il suo corpo ma
non la sua vita; Giorgio può avere il suo corpo e la sua vita, può ucciderla. Nella misura in cui ella gli riconosce
questo diritto, lo appaga e lo disarma. L'eccesso di culto
della proprietà che caratterizza questo antico signorotto
feudale che è Giorgio non può che nascondere insicurezze
e fragilità a un livello profondo. La dose di sadismo insita
nell'insidiatore di contadinelle svela, come era ovvio, una
segreta pulsione masochistica. Giorgio è affascinato, se-
dotto, in qualche modo eccitato, dal contatto morboso

con il corpo ferito, piagato, contaminato di Laura: «preso già dall'ebbrezza della persona di lei» lo vediamo mentre «le cerca con la bocca le ferite nel collo ancora proteso».

Laura è personaggio visibilmente complesso. Questa apparizione finale, che decide della partita, è non solo attentamente calibrata, meditata, ma rivela anche la sicurezza e la consapevolezza estrema della donnna. Può avanzare «lenta» verso un Giorgio presumibilmente pronto a respingerla, a sfuggirle, perché esprime «nel suo avanzarsi, la certezza che egli non fuggirà». Lo *charme* di Laura è proprio in questa sua mobilità psicologica, in questa ambiguità sostanziale che le permette di essere al tempo stesso spirituale e sensuale, appassionata e calcolatrice, alla mercé del maschio e sua dominatrice. Il secondo atto non fa che ribadire proprio questa *doppiezza* che vediamo affiorare in finale di primo atto. La didascalia introduttiva la ritrae seduta «su una sedia a sdrajo, pallida, un po' molle d'un languore ardente d'inesausta passione». Laura e Giorgio si sono rifugiati in villa, da più di un mese, in una sorta di seconda luna di miele («Siamo stati un mese qua, insieme, come due nuovi sposi», dice Giorgio). E in questa luna di miele Laura ha sperimentato la dedizione di sé più estrema, una sorta di dissipazione che ha i tratti mistici del *cupio dissolvi*. Non per nulla in una didascalia si parla di «beatitudine di un deliquo». Ella ha voluto essere tutta di lui, come nessuna donna può essere di un uomo: «Tua, tua, sì! Ah, non puoi immaginarti come, ora! E pure vorrei ancora di più! Ma non so come! [...] Sì, ancora più tua – ma non è possibile! Tu lo sai, è vero? lo sai che di più non è possibile? [...] Lo sai? Di più, si morirebbe. Eppure ne vorrei morire». C'è un'aspirazione all'*oltre*, un'ansia di fusione assoluta. Ancora qualche frammento di dialogo, di battute di Laura:

[...] per non esser più io... non so, una cosa che senta ancora minimamente di vivere per sé... ma una cosa tua, che tu possa fare più tua, tutta del tuo amore, del tuo amore, intendi? tutta in te, così, del tuo amore, come sono! [...] Tu lo senti, è vero? lo senti che sono così, tutta del tuo amore? e che non ho per me più niente, niente, né un pensiero né un ricordo per me, di nulla più... tutta, assolutamente tua, per te, del tuo amore?

No! no! io non ho niente! io ho te! Ecco: te – e non ho niente altro, che non mi venga da te! – Se godo, se soffro, se muojo – sei tu! Perché io sono tutta così, come tu mi vuoi, come io mi voglio, tua.

Prima dell'amore senile per Marta Abba Pirandello sembra dilacerato fra una visione della donna come valore spirituale, sostanzialmente come madre, divinità del focolare dedita alla cura dei figli, e una visione della donna come tentazione della carne, profilo maligno della sessualità e del peccato. Rievochiamole confusamente queste figure di donne. Da un lato le madri della *Ragione degli altri*, di *Liolà*, di *Così e (se vi pare)*, del *Piacere dell'onestà*, di *La signora Morli, una e due*, dei *Sei personaggi*, di *La vita che ti diedi*; dall'altro lato le adultere e le donne perdute di tanti altri drammi: dal *Berretto a sonagli* a *Il giuoco delle parti*, da *L'uomo, la bestia e la virtù* a *Come prima, meglio di prima*, da *Tutto per bene* a *Enrico IV* e *Vestire gli ignudi*. Per non citare poi gli atti unici. Con Marta Abba la forbice si restringe, nasce un'immagine nuova di donna che ricompone in sé i risvolti solari e quelli notturni, l'alto e il basso, la poesia dello spirito e l'attrattiva della bellezza muliebre. Viene fuori una creatura inedita, generosa e abbandonata, disponibile sino alla subalternità e al masochismo verso il proprio uomo, fedele ma eroticamente traboccante. Sono le molte eroine dei tardi anni venti e degli anni trenta; citiamo anche qui alla rinfusa: *Diana e la Tuda*, *L'amica delle mogli*, *Come tu mi vuoi*, *Trovarsi*, *Quando si è qualcuno*, ecc. Non può non stupirci allora, in questo quadro così rigorosamente scandito, la posizione eccezionalmente "precoce" dell'*Innesto*. All'altezza cronologica del 1917 Laura Banti anticipa di otto anni l'avvento di quella Marta Abba che abbiamo sempre creduto il modello unico ed autentico delle incarnazioni femminili della tarda drammaturgia pirandelliana. Come dire che Pirandello ha semplicemente trovato nella Abba ciò che aveva da sempre sognato. Che è poi conclusione assai ortodossa, se si pensa alla battuta di Salò di *Trovarsi*, portavoce accreditato del suo autore: «Io so invece che ho provato sempre soltanto ciò che m'ero prima immaginato». Laura Banti ha gli accenti e le cadenze di tante sue sorelle più giovani. nelle due citazioni ultime che abbiamo sopra riportato ci sono già tutti i motivi di *Come tu mi vuoi*; c'è già persino il titolo della futura opera. Sembra strano pertanto il disinteresse per *L'innesto* da parte di quella stessa critica che ha mostrato invece di apprezzare le figure femminili dell'ultima stagione pirandelliana. Laura Banti sa alternare, all'interno della stessa scena, dolcezza di abbandono e provocazione, candore e malizia. Ci limitiamo a una sola esemplificazione, in questo dialogo a due con il marito. Laura ha un brivido di freddo, di smarrimento, e Giorgio la sorregge:

GIORGIO È troppo, vedi! Ti sei troppo...
LAURA (*subito, con ardore quasi eroico*). Sì, ma voglio così!
GIORGIO No, così è male! No.

> *Le prende il volto fra le mani.*

Tu sei il mio amore; ma io non voglio, non voglio che tu ne abbia male!
LAURA (*bevendo la dolcezza delle parole di lui*). No?
GIORGIO No, non voglio! Vedi? I tuoi occhi...

> *S'interrompe vedendosi guardato in un modo che gli fa perdere la voce.*

LAURA (*seguitando a guardarlo, quasi provocante*). Di'... parla, parla...
GIORGIO (*ebbro*). Dio mio, Laura...
LAURA (*ridendo, gaja*). I miei occhi? Ma guarda, guarda... Non vedi che ci sei tu?
GIORGIO Lo vedo. Ma tu ridi...

LAURA   No, no, non rido più!
GIORGIO   È per te, bada!
LAURA   Sì. Basta. Siamo buoni, ora! Siedi, siedi qua anche tu:
ti faccio posto!

Nella sedia a sdrajo.

GIORGIO   No, siedo qua allora!

Indica lo sgabello.

LAURA   (*si alza dalla sedia a sdrajo*). No, qua... e io, così.

Gli siede sulle ginocchia

GIORGIO   Sì, sì.
LAURA   No, buoni! Di', sei passato dalla mamma?

È indubbio che le battute hanno qualcosa di troppo secco,
di ellittico, e quindi di oscuro, come osservava sin da subito Marco Praga; ma è la delicatezza del tema, la scabrosità
di questa luna di miele straripante di eros che impone a
uno scrittore solitamente così *casto* come Pirandello una
distillazione dialogica misurata, ma non per questo meno
intensa. E ancora una volta le didascalie sono non meno
importanti degli enunciati dei due personaggi. Giorgio in-
comincia con una «dolcezza» che si interrompe in un silenzio turbato, allorché Laura lo guarda «in modo che gli
fa perdere la voce». E alla fine è «ebbro» di lei. Che è
termine che contraddistingue sistematicamente Giorgio
(abbiamo già ricordato la didascalia di fine di primo atto
allorché risulta «preso già dall'ebbrezza della persona di
lei») ma che è anche formula che caratterizza solitamente
gli *amanti* pirandelliani (pensiamo, tanto per fare un esempio, al Guido Venanzi del *Giuoco delle parti*, continuamente «ebbro» dell'affascinante Silia Gala). Ma, appunto, Pirandello l'aveva detto per primo che Giorgio e Laura
sono due coniugi che si amano come amanti. Per parte sua
Laura trapassa dall'«ardore quasi eroico» con cui mormo-
ra la sua determinazione di amare sino a morire all'atteggiamento «quasi provocante» con cui lo fissa a un certo

momento. Fa risuonare il trillo di una risata gaia per poi
inventarsi una tenerezza che è ancora una sottile e un po'
segreta provocazione erotica. Vuole che Giorgio si sieda
accanto a lei sulla sdraio e poi finisce per sedersi sulle ginocchia di lui. Le didascalie non dicono di più, ma il primo spicchio dell'ultima battuta («No, buoni!») ci fa indovinare qualche carezza del marito che ella suscita al tempo
stesso che mostra di reprimere.

E tuttavia la personalità di Laura non si esaurisce – tor-
niamo a dire – in questo profilo di donna innamorata e
appassionata. Il secondo atto che vede l'esplosione piena
della carica erotica di Laura è anche l'atto che si apre sul-
l'interrogatorio cui ella sottopone la povera contadinella.
E a torto Paul Renucci osserva che questa piccola indagine sul passato «n'a pas de fonction très manifeste, pui-
sque le fait que la paysanne se soit livrée à Giorgio, quand
l'un et l'autre étaient encore des adolescents, n'a guère
d'incidence ni sur le dénouement, ni sur l'évolution psy-
cho-morale de Giorgio lui-même». Tralasciamo il fatto che
in realtà questa finestra aperta sul passato dice qualcosa su
Giorgio, sulla sua struttura di uomo sostanzialmente *fragi-
le*, che ha bisogno di praticare i suoi diritti tardo-feudali
per sentirsi virile. Rimane il dato per noi più importante
che tutta la sequenza ci svela appunto il risvolto riflessivo,
calcolatore e persino un po' cinico di Laura. Ella è incinta
e teme che il nascituro possa non essere del marito, visto
che in sette anni di matrimonio non è riuscita ad avere figli. L'inchiesta sulla relazione passata di Giorgio e della
Zena è tesa ad accertare se per caso il bambino che la Zena ebbe allora fosse appunto frutto della potenza genera-
trice di Giorgio. Il bastardo di allora renderebbe probabilmente meno bastardo quello che Laura porta nel proprio
ventre. C'è un accanimento determinato da parte di Laura
a volere che Zena confessi una paternità di Giorgio che ha
sempre negato, ed è così esplicito («Vorrei saperlo perché... perché sarei... sarei contenta che tu mi dicessi...»)
da suscitare la reazione negativa di Zena che dapprima «la

guarda, sorpresa, scontrosa» e poi «seguita a guardarla male», fino al punto di non poter più nascondere il suo giudizio morale drasticamente critico nei confronti della signora borghese:

ZENA   Ah, per questo? Ma si sa, signora! Non era povero per niente... Mia madre lo mise sù, facendo sapere a tutti del signorino. Non mi voleva più sposare, pur sapendo bene che il figliuolo era suo. C'era da spillar denaro, qua, dai signori; e se ne volle anche lui approfittare. E bada che se ora viene a sapere che a te piacerebbe

la guarda in un modo ambiguo e provocante:

– chi sa perché... – che io avessi ancora qualche dubbio...
LAURA   Ah! Tu mi fai pentire d'aver voluto parlare con te a cuore aperto, per uno scrupolo che non puoi neanche intendere!
ZENA   E chi sa? forse t'intendo, signora; non ti pentire!
LAURA   Che cosa intendi?
ZENA   Eh, siamo furbi noi contadini! Vedo che ti piacerebbe che tuo marito avesse avuto un figlio con me. Ebbene, io ti dico questo soltanto: che io contadina, il figlio lo diedi a chi ne era il padre vero. – Ah, eccolo qua, il signorino...

Si trae indietro, a testa bassa.

La Zena non sa dello stupro patito da Laura Banti ma l'intelligenza sempre un po' maligna che si addice ai villani la spinge a formulare un'ipotesi infamante e che formula persino con un certo tono sprezzante. Là bella padrona ha verosimilmente tradito il marito con qualche amante e vorrebbe la prova che il marito è stato in passato *padre* per non doversi sentire troppo in colpa adesso, per poter credere del marito e non dell'amante il figlio di cui è gravida. L'ultimo segmento dialogico è quasi insultante per Laura, come rivela il gioco dei corsivi che sono tutti di Pirandello e che disegnano una contrapposizione a mala pena troncata a metà per un residuo brandello di decenza formale: «*io* contadina, il figlio lo diedi a chi ne era il padre *vero*» presuppone un polo simmetrico che suona «*tu*, borghese, il figlio lo dai a chi ne è il padre *falso*». Zena lo ha negato a Giorgio, ha rifiutato di ascriverlo alla sua paternità, contro il suo stesso interesse economico, per istintiva probità etica, contrapponendosi ai consigli subdoli della madre e alle manovre infami del fidanzato, perché quel figlio non era di Giorgio. Laura si accinge invece verosimilmente a far passare come figlio di Giorgio il frutto di un amore illegittimo. La Zena si sbaglia ovviamente sulla questione dell'adulterio di Laura, ma coglie nel segno per quanto riguarda la sottile operazione di oggettivo "raggiro" che la donna ha messo in essere. E diciamo *oggettivo* soltanto per spirito cavalleresco. Non per nulla nel terzo atto Giorgio non esita a rinfacciare alla moglie una progettualità lucidamente premeditata: «Tu m'hai circondato del tuo amore, tu mi hai avviluppato nelle tue carezze, sperando ch'io credessi?». O ancora, in maniera più sintetica e più crudele: «Dopo quello che hai fatto? [...] Dopo quello che hai voluto? [...] (*con ferocia*) Il mio amore, *dopo*!». Anche quest'ultimo corsivo è dell'autore. Laura – per Giorgio – ha allestito la messinscena di una seconda luna di miele (che l'ha vista soggetto motore, protagonista attivissima del rito erotico, come è sussurrato in mille modi in quel secondo atto che piaceva più di tutti a Pirandello) per giustificare *a posteriori* la sua gravidanza, per poter avere il diritto di considerare con qualche verosimiglianza il nascituro figlio del marito.

D'altra parte qualche piccola "malizia" di Laura proprio non è possibile non vederla, anche a voler essere molto cavallereschi. Ha avuto la debolezza di dire alla madre per telefono che non sta tanto bene, e la madre si è precipitata a spedirle il medico in villa. Laura è irritatissima con la madre (Pirandello naturalmente attenua, dice che è «eccitata»): «Ah! non dovevi, mamma, non dovevi! [...] Portare quel medico! Hai fatto male, male! Un male incalcolabile, mamma!». Il medico è l'elemento esterno, il portatore di un discorso di scientificità e di razionalità, che non può non contrastare la "suggestione irrazionale" – la "follia" come dice lei – che ella ha disegnato tutto intorno a Giorgio e in cui vuole che si annulli insieme a lei.

Il fuco e l'ape regina

Può sorprendere questa ambiguità di fondo di Laura Banti, questa "doppiezza" che mancherà invece alle sue sorelle dell'estrema produzione pirandelliana, alla Donata di *Trovarsi*, all'Ignota di *Come tu mi vuoi*, e a tutte le altre già ricordate. Il fatto è che quelle erano veramente ed esclusivamente figure di *amanti*; si muovevano su un territorio non istituzionale; erano delle "avventuriere" del sentimento (semmai era l'uomo a volerle attirare in uno spazio legale, a chiedere di ribadire il legame con il vincolo matrimoniale, come è evidente in *Come tu mi vuoi*). La peculiarità particolarissima di Laura Banti è di essere appunto una "moglie amante", di agire con la gratuità dell'innamorata eslege ma anche con la ferma determinazione della moglie che attende di diventare madre. Laura Banti può sembrare una donna così fine, gentile, così tipicamente e seducentemente altoborghese, tutta femminile, dolce e docile. Ma in realtà è un'altra occulta incarnazione della Grande Madre, una prima compiuta anticipazione delle madri terribili dei miti finali. D'altra parte *L'innesto* viene immediatamente dopo *Il piacere dell'onestà*, composto nello stesso 1917, a pochi mesi di distanza. Là già l'attenzione drammaturgica era rivolta alla figura materna, mentre la figura maschile tendeva a scomparire. Nel *Piacere* il *padre* è soltanto una sorta di laico San Giuseppe. Angelo Baldovino è un padre putativo, un fedele sacerdote del potere matriarcale. I figli sono soltanto della madre, appartengono unicamente alla madre. Ma sono talmente e solo della madre che il germe fecondatore può essere tratto a prestito da ogni dove, anche da un bruto. Che è appunto la novità sconvolgente dell'*Innesto*. Poco importa anche di uno stupro, perché sarà comunque *l'amore della madre per il figlio* che riscatterà e laverà ogni impudicizia, che lo farà santo e tutto suo, nel grembo di madre che cova *ad aeterno*. La metafora della pianta su cui il contadino opera "l'innesto" (e che non piaceva a Gramsci e a tanti altri) ha in realtà una sua logica e una sua coerenza fantastica: perché esprime perfettamente la *centralità* assoluta dell'organismo generatore. Ciò che conta è *l'uno* (la pianta o la donna) e non il *due*, la coppia. L'uomo non è elevato alla dignità del partner, ma resta puro accessorio funzionale, strumentale. Come tale è in qualche modo surrogabile. All'inizio del secondo atto il vecchio giardiniere, con «un fascetto di ramoscelli sotto il braccio e l'innestatojo in mano», spiega l'arte dell'innestare: «Qua c'è una pianta. Tu la guardi: è bella, sì; te la godi, ma per vista soltanto: frutto non te ne dà! Vengo io, villano, con le mie manacce; pare che in un momento t'abbia distrutto la pianta: ho strappato, tagliato, inciso... – aspetta un poco – e senza che tu ne sappia niente, ti faccio dare il frutto. – Che ho fatto? Ho preso una gemma da un'altra pianta e l'ho innestata qua. – È agosto? – A primavera ventura tu avrai il frutto. – E sai come si chiama quest'innesto? [...] A occhio chiuso! Questo è l'innesto a occhio chiuso, che si fa d'agosto». Ripensiamo a come entra in scena Laura Banti nel primo atto, con lungo il collo «aspri, sanguinosi strappi» (e «tutta strappata» la ricorda la signora Nelli). Il giardiniere villano opera con violenza, strappa, taglia, incide, ma ha l'arte di far dare il frutto alla pianta. E il giovinastro villanzone che ha brutalizzato Laura Banti, anche lui ha strappato, tagliato, inciso, ma ha avuto egualmente la capacità di far generare la donna senza frutto. Ritorna la polemica opposizione città-campagna cui già si è accennato, a proposito del confronto fra il signorotto sterile e il contadino fecondo, alle prese tutt'e due con la giovane Zena. La violenza villanesca è portatrice di vita perché attinge direttamente agli archetipi della natura. L'esemplificazione del giardiniere "raddoppia" e ribadisce lo stupro del primo atto. Pirandello si muove consapevolmente per arrivare a questo effetto. Abbiamo citato testé dalla prima edizione. Nella redazione definitiva tutto il passo risulta ancora più didascalico, grazie all'inserimento di alcune didascalie che visualizzano la pianta frondosa da innestare e alla scansione più martellante di talune battute:

Vengo io, villano, con e le mie minacce; ed ecco, vedi?

Comincia a sfrondarla, per fare l'innesto; parla e agisce, prendendosi tutto il tempo che bisognerà per compire l'azione.

pare che in un momento t'abbia distrutto la pianta: ho strappato; ora taglio, ecco; taglio – taglio – e ora incido – aspetta un poco – e senza che tu ne sappia niente, ti faccio dare il frutto.

L'accostamento del destino di Laura al destino della pianta non ha in sé nulla di distorcente e nulla di impoetico perché l'una e l'altra si inscrivono nei comportamenti originari e "sacrali" del cosmo, del ciclo naturale. La pianta innestata ad agosto darà frutto a primavera; la donna violentata ad agosto partorirà similmente a primavera. È l'innesto «a occhio chiuso», spiega il giardiniere, diverso dall'innesto «a occhio aperto» che si fa di maggio quando la gemma può subito sbocciare. Ma prima ancora di conoscere queste informazioni di giardinaggio Laura Banti si era atteggiata inconsapevolmente entro le linee del profilo della pianta disponibile all'innesto a occhio chiuso. Rileggiamo il finale del primo atto, allorché offrendosi ai baci del marito singhiozzante su di lei «piega la guancia appassionatamente su capo di lui, *con gli occhi chiusi*» (corsivo nostro).

Il personaggio ha in sé una valenza ideologica evidente e fortissima. Nel suo incarnare la divinità tellurica della Grande Madre, Laura Banti svela una fermezza e una forza psicologica che fanno risaltare ancor più, *e contrario*, la fragilità e la debolezza nervosa del maschio. Si paragoni la diversa reazione emotiva, il differente attingere al sollievo delle lacrime. Laura piange solo un paio di volte. Nel primo atto quando grida alla madre – abbiamo visto – il suo disgusto per l'ignominia patita. E nel secondo atto – di un differente pianto, per la crisi che la scoperta della maternità incipiente genera in lei – quando sopraggiunge Giorgio mentre è a colloquio con la Zena. Per l'inverso Giorgio non sembra assolutamente in grado di dominare il proprio pianto. C'è qualcosa di manifestamente infantile in lui, che emerge soprattutto quando si trova a fronte dell'amico avvocato. Nel primo atto lo vediamo uscire dalla camera di Laura ferita «sconvolto, tra i singhiozzi», mentre urla «ad altissima voce» il suo diritto di sapere. Nelli lo chiama a sé e Giorgio, «convulso, gli appoggia il capo e le mani sul petto, rompendo in pianto». Giulietta vuole essere rassicurata dal cognato, e Giorgio, come un ragazzino sperduto, non riesce che a balbettare: «Io... che vuoi che ti dica io? Io non so... non so...». E ancora più avanti, nella scena nona del primo atto, rimasto solo con il Nelli, «rompe in disperati singhiozzi». E nella scena decima la didascalia lo descrive «prorompendo di nuovo in pianto, stringendosi in sé, con le mani premute sul volto». Dichiara di voler andarsene, ma si arrende al consiglio dell'amico di restare. Poi, restato solo, ordina al cameriere di preparare la valigia. Ma basta l'apparizione di Laura, nel finale d'atto, per cambiare di nuovo idea. Naturalmente in questa sequenza tutta muta eccolo, al solito, che «rompe in un pianto convulso e cecamente, in quel pianto, la abbraccia» per finire che, «sempre singhiozzando, le cerca con la bocca le ferite nel collo». Pirandello sembra quasi ironizzare sul personaggio, almeno a giudicare da certe forme avverbiali: «*di nuovo* in pianto», «*sempre* singhiozzando». Non possiamo pertanto condividere neanche questa volta la riserva di Renucci, che scrive per parte sua: «Comment, enfin, ne pas trouver précipité, après les violentes réactions de Giorgio à l'avant-dernière scène de la pièce, un dénouement réglé en dix brèves répliques?». Giorgio può tranquillamente cambiare decisione nelle ultime dieci battute del dramma perché è la sua insicurezza di fondo, la sua inconsistenza psicologica che gli fa mutare continuamente opinione. E che accerta, per l'inverso, l'egemonia assoluta della donna. Il terzo atto ha il merito di mettere finalmente allo scoperto la radice energica, dura, persino crudele, di questa gentile e soave figura femminile che può anche sembrare Laura Banti. Già il tono con cui, all'inizio della scena terza, interrompe il dialogo a tre fra Giorgio, la madre e il dottore, lasciando «tutti sospesi, interdetti», rivela la tempra del personaggio. Giorgio chiede al dottore di lasciarlo solo con la moglie per la grande spiegazione finale, e Laura si rivolge «subito, severamente» alla madre per analogo invito. Gli avverbi sono tutti insoliti rispetto alle precedenti indicazioni didascaliche pirandelliane. Parla «trucemente», si rivolge al marito «freddissimamente», «con disprezzo», «fieramente». Abbiamo detto che *L'innesto* viene immediatamente dopo *Il piacere dell'onestà*. Là il protagonismo della donna-madre pativa ancora qualche limitazione. Agata Renni aveva bisogno dell'apparenza di un marito per finta per gestire la propria maternità. Qui Laura Banti è pronta a vivere la propria maternità in perfetta solitudine, senza marito, dividendosi da lui (che vorrebbe imporle l'aborto): «E lascia allora che accetti io, invece, la mia sventura. [...] Io sola, sì, tutta intera la mia sventura». Lo scontro finale ha un'asprezza inaspettata, quasi incredibile. «Ma sai che c'è di mezzo il mio nome?» dice Giorgio; e Laura di risposta: «Ah, non temere. Avrò il coraggio che ebbe la Zena. Peccato ch'io non possa darlo – dopo l'inganno – al suo padre vero!». *Mater semper certa sed pater semper incertus* vuole la saggezza popolare, ma qui Laura non ha esitazioni. Il *pater* è non meno *certus* della *mater*, e non è sicuramente Giorgio. Il richiamo alla Zena è di una cattiveria mostruosa. Laura rievoca il fallimento di nove anni prima per sottolineare il fallimento attuale. Lo scacco della sterilità passata illustra e ribadisce meglio lo scacco della sterilità presente. L'unica differenza – di una carica ironica sprezzante che la Zena ha potuto dare il figlio al padre carnale mentre Laura non potrà fare altrettanto con il suo, che spetterebbe di diritto al bruto che l'ha violentata. L'ingiuria è feroce e colpisce il maschio in pieno volto, nei suoi arcaici miti fallocratici. Giorgio non è stato capace di compiere l'opera che ha realizzato l'ultimo dei bruti, di ingravidarla. Così come non è stato capace di rendere madre la sua antica amante villanella. Ma tutto questo è ancora nulla rispetto alla violenza spietata dello *show-down* che sigilla il dramma:

GIORGIO   (*al Romeri che lo trattiene*). Dottore, le dica che essendo mia moglie...
LAURA   Non sono più tua moglie! Mamma, io vengo con te!
GIORGIO   Ma non basta che tu te ne vada!
LAURA   (*fieramente*). Perché? Che ho io di te?

   Giorgio casca a sedere, come schiantato. Lunghissima pausa.

LAURA   Mamma, possiamo andare!

   S'avvia con la madre.

GIORGIO   (*balzando in piedi, con un grido d'esasperazione e di disperazione*). No... Laura... Laura...

L'ultima battuta di Laura a Giorgio è un insulto sanguinoso. Una volta che abbia rinunciato al nome del marito, *ella non ha più nulla di lui*, perché nulla egli è stato capace di darle, perché la sua *impotenza* è totale e a tutti visibile, perché egli non è stato capace di darle altro che il proprio nome. L'ingiuria è talmente pesante che Giorgio «casca a sedere, come schiantato» (che è poi il comportamento tipico del personaggio femminile pirandelliano: si pensi a Matilde che nel finale del primo atto dell'*Enrico IV* «casca di schianto a sedere, quasi svenuta»). Giorgio è distrutto, annichilito. Si riprenderà, sì, «balzando in piedi, con un grido d'esasperazione e di disperazione», ma solo per confessare la propria resa a discrezione, senza condizioni (naturalmente «si copre il volto con le mani e rompe in singhiozzi»...). Mai il maschio pirandelliano era giunto a tal punto di umiliazione. Mai la sua vocazione a funzionare come marginale S. Giuseppe era stata tanto clamorosamente scoperta. Anche Baldovino, nel *Piacere dell'onestà*, faceva da padre a un figlio non suo, ma era una *sua* scelta, che *lui* si assumeva liberamente. Qui è una scelta che Giorgio subisce, come una violenza della donna su di lui, sopra i suoi principi, sopra i suoi sentimenti più istintivi. Se non c'è dubbio (o quasi...) che Laura abbia subito una violenza, non c'è però nemmeno dubbio che è lei a sua volta a esercitare una diversa violenza sul marito. Sia pure per il fine ultimo, santificante e assolutorio, di avere un figlio. Renucci proponeva per *L'innesto* il titolo *Le Triomphe de l'instinct maternel*: e questa volta è difficile non essere d'accordo, con lui, anche se Pirandello – l'abbiamo visto all'inizio – negava seccamente nel suo epistolario con Talli la fondatezza di una siffatta chiave interpretativa.

Una novella sceneggiata: «La patente»

Allo stesso 1917 appartiene *La patente*, composta a due-tre mesi di distanza dall'*Innesto*. Secondo la ricostruzione di Alessandro D'Amico sarebbe stata scritta in prima istanza in siciliano, verso il dicembre del 1917, destinata ad Angelo Musco che la rappresentò per la prima volta al Teatro Alfieri di Torino il 23 marzo 1918. Si è conservato il manoscritto autografo (pubblicato recentemente sul n. 9 della rivista «Teatro Archivio», maggio 1986) in cui il giudice D'Andrea parla in italiano, Chiàrchiaro e gli altri tre giudici prevalentemente in dialetto, l'usciere e la figlia di Chiàrchiaro sempre in dialetto. Alla fine del dicembre 1917 Pirandello fu invitato a pubblicare una sua novella sul periodico «Rivista d'Italia», e lo scrittore si tolse d'impiccio traducendo in lingua il testo e presentandolo ambiguamente come «novella sceneggiata». Come tale *La*

patente comparve sul fascicolo del 31 gennaio 1918 della
«Rivista d'Italia». Pirandello rielaborava un racconto di
qualche anno prima, dallo stesso titolo, pubblicato inizial-
mente nell'agosto del 1911 sul «Corriere della Sera», anche se l'angolazione finiva per risultare abbastanza diversa. Nella novella si insiste con forza – soprattuto nella prima parte – sul personaggio del giudice D'Andrea, sulle sue
insonnie, sulle sue meditazioni filosofiche. Il personaggio
acquista rilievo di protagonista. Federico Doglio ha voluto
vedervi una personificazione dell'autore. Il giudice è un
emarginato, un "diverso", che non può non esprimere una
umana solidarietà a quel curioso e grottesco Chiàrchiaro
così profondamente segnato dalla malvagità della vita.
Considerato uno jettatore è stato cacciato dal lavoro, ridotto alla fame, allontanato e fuggito da tutti. Pirandello
coglie qui un comportamento sociale che non è esclusivamente siciliano (non per nulla dunque omette di indicare
il luogo dell'azione; l'unico riferimento è anzi a Napoli,
dove abita un figlio del Chiàrchiaro che gli invia un minimo di soccorso), mettendo a fuoco gli effetti devastanti di
tale assurda superstizione. Il povero disgraziato vuole appunto dal giudice «la patente di jettatore», l'attestato formale di «jettatore patentato dal regio tribunale», perché
questa potrà essere la sua unica risorsa: si presenterà alle
fabbriche, ai negozi, alle case da gioco a imporre (o meglio, a riscuotere facilmente) una sorta di "tassa". La tassa
dell'ignoranza che sarà però per lui «la tassa della salute»,
la tassa della sopravvivenza. Il giudice D'Andrea fatica un
poco a comprendere la logica paradossale del Chiàrchiaro,
ma alla fine non può non esplodere in un gesto di profonda simpatia: «stese le mani e abbracciò il Chiàrchiaro a
lungo, forte forte, a lungo».
   La novella finiva sostanzialmente su questo abbraccio,
su questo incontro sentimentalmente perplesso fra due uomini dolenti condannati a vivere in solitudine. La rifor-
mulazione in termini drammaturgici non manca di obbedi-
re a una logica più bassamente "artigianale". Lo scrittore

deve fare i conti con l'unità di tempo e di luogo richiesta dalla struttura dell'atto unico. Viene meno quindi tutta la prima sezione del racconto, l'indugio sullo spaccato di vita del giudice, colto nelle sue angosce notturne, nelle sue meditazioni esistenziali. Occorre inventare una qualche parte femminile, per le esigenze di una normale compagnia teatrale in cui le attrici sono ovviamente presenti accanto agli attori. Di qui l'inserimento un po' specioso della sequenza della figlia di Chiàrchiaro che viene di nascosto a perorare la causa del padre presso il giudice. Ma soprattutto occorre tener conto dell'assetto capocomicale della compagnia italiana. Scritta per Angelo Musco, *La patente* non può non avere un ruolo protagonistico per il primo attore. Se nella novella i personaggi centrali erano sostanzialmente due, il giudice e Chiàrchiaro, nell'atto unico risulta dominante la sola figura dello jettatore. Alessandro D'Amico ha parlato giustamente di «riduzione del giudice da co-protagonista a semplice antagonista di Chiàrchiaro». Tutta nuova appare infine nel testo teatrale l'introduzione del cardellino. Il giudice D'Andrea entra in scena con un cardellino in gabbia, ricordo della propria madre morta da poco. Può sembrare solo un particolare curioso, ma è nel finale che svela la propria funzione di *coup de théâtre*. Un colpo di vento spalanca la finestra con forza e fa cedere la gabbia determinando la morte dell'uccellino: «Ma che vento! Che vetrata! Sono stato io!» grida Chiàrchiaro esultante «Non voleva crederci e glien'ho dato la prova! Io! Io!». La trovata è di indubbia efficacia scenica. La sapienza dell'attore aggiungerà ovviamente trovata a trovata. Nella prima edizione apparsa sulla «Rivista d'Italia» l'atto unico terminava propriamente con la battuta che abbiamo testé riportato, ma nella stampa di Treves di due anni dopo, nel 1920 – dove *La patente* compare con altri due copioni di ambiente siciliano, *Lumìe di Sicilia* e *Il berretto a sonagli* –, registriamo un sapido prolungamento di azione. «E come è morto quel cardellino» minaccia Chiàrchiaro ai tre giudici accorsi «così, a uno a uno, morirete

tutti!». Urla, suppliche, imprecazioni degli astanti, ed ecco che lo jettatore non ancora patentato, «imperioso, protendendo una mano» ordina il primo pagamento della tassa sulla superstizione: «E allora qua, subito – pagate la
tassa! Tutti!». È molto probabile che Pirandello si sia li-
mitato ad accettare e a far sua – come è successo tante altre volte nella sua storia di drammaturgo a contatto stretto con gli operatori della scena – l'invenzione attorale di
Angelo Musco. Il manoscritto bilingue sopra ricordato e
destinato all'allestimento di Musco non reca infatti questa
aggiunta ulteriore, ma nello spettacolo della prima torine-
se del 23 marzo 1918 l'effetto teatrale era già sfruttato
dall'interprete, come risulta indirettamente dalla cronaca
della serata pubblicata su «La Stampa» del giorno succes-
sivo: «Egli [Chiàrchiaro] li guarda torvo e fa loro una pre-
dizione: così morrete tutti, uno dopo l'altro. E allora uno
dopo l'altro tutti gli fanno passare in mano qualche bi-
glietto».

  La patente entrò stabilmente nel repertorio di Musco
che la recitò spesso in chiusura di serata delle sue esibizio-
ni, anche se è difficile documentarne esattamente la fortuna, dal momento che i giornali annunciavano spesso gene-
ricamente «Seguirà uno scherzo comico», senza specifica-
re il titolo. Ebbe anche una certa fortuna in versioni dialettali extra-siciliane. Ricordiamo almeno i due maggiori
adattamenti in napoletano: di Peppino De Filippo nel
1956, sulla scena, e di Totò, sullo schermo, nel film a episodi (quattro episodi, tutti tratti da novelle priandelliane)
Questa è la vita di Luigi Zampa, prodotto nel 1953

«L'uomo, la bestia, e la virtù»:
una farsa grottesca (e un poco inaspettata)

Nel gennaio-febbraio 1919, mentre va in scena a Milano,
in prima nazionale, *L'innesto*, Pirandello compone *L'uomo, la bestia e la virtù*. Renucci ha parlato giustamente di

una sorta di «parodia» rispetto alla prima commedia. Pirandello ricava la sua *pièce* da una novella pubblicata nel 1906, *Richiamo all'obbligo*, che affrontava – insolitamente per un autore sostanzialmente pudico come Pirandello – un tema per così dire boccaccesco. Un capitano di marina si è creato in un'altra città una seconda casa (un'altra donna, altri figli) e trascura la moglie legittima. Quando ritorna al focolare, anche solo per una notte, fa apposta a litigare, con qualsiasi pretesto, per potersi chiudere da solo nella propria camera da letto e sottrarsi così ai "doveri coniugali". La povera moglie si è in verità consolata con il professore privato di latino del figlio, ma è disgraziatamente rimasta incinta. Occorre pertanto assolutamente "richiamare all'obbligo" il marito renitente, casomai ricorrendo a un afrodisiaco mescolato in alcuni dolciumi. Il segnale convenuto del successo dell'impresa sarà un fazzoletto appeso al cordino davanti alla finestra della stanza della donna. Il mattino seguente l'amante troverà stesi ben cinque fazzoletti, e se ne scapperà via «di corsa, giubilante, esultante, sgrignando e con gli occhi lustri ilari parlanti mostrando le cinque dita della mano a tutti quelli che incontrava». Come si vede, nella novella sono già presenti tutti gli elementi che saranno della *pièce*: il capitano che è «un bestione», la donna che è «una donna onesta», degna dunque di essere assunta a emblema della Virtù, e l'amante che è semplicemente «un uomo» (non «un uomo immorale» ma un uomo *tout court*, con le sue debolezze e le sue miserie). L'amico dottore che escogita il rimedio dell'afrodisiaco occultato nel dolce non risparmia qualche battuta ironica nei confronti dell'uomo che vuole imporre al capitano di rispettare il suo impegno di sposo, ma il dettato narrativo non vi insiste eccessivamente. Va sottolineato inoltre che il racconto è organizzato unicamente in funzione dell'uomo, Paolino. La vicenda è esposta così come è vissuta dal protagonista: le sue smanie per escogitare il piano di salvezza; la notte insonne in cui attende che il miracolo si compia; l'appostamento all'alba sotto la casa della donna; l'incontro e il dialogo con il capitano da cui Paolino sembra trarre una sconfortante e tragica informazione di fallimento del progetto, e la scoperta finale e inaspettata dei cinque fazzoletti. Il personaggio della donna non compare praticamente nell'orizzonte narrativo.

La novità più consistente di *L'uomo, la bestia e la virtù* è data invece proprio dalla presenza della signora Perella. Il suo ingresso suggerisce una lunga didascalia di notevole e risentito impegno stilistico:

> *Entra per l'uscio a sinistra la signora Perella con Nonò. La signora Perella sarà la virtù, la modestia, la pudicizia in persona; il che disgraziatamente non toglie ch'ella sia incinta da due mesi – per quanto ancora non paja – del signor Paolino, professore privato di Nonò. Ora viene a confermare all'amante il dubbio divenuto pur troppo certezza. La pudicizia e la presenza di Nonò le impediscono di confermarlo apertamente; ma lo lascia intendere con gli occhi e anche – senza volerlo – con l'aprir di tanto in tanto la bocca, per certi vani conati di vomizione, da cui, nell'esagitazione, è assalita. Si porta allora il fazzoletto alla bocca, e con la stessa compunzione con cui vi verserebbe delle lagrime, vi verserà invece di nascosto un'abbondante e sintomatica salivazione. La signora Perella è molto afflitta, perché certo per le sue tante virtù e per la sua esemplare pudicizia non si meriterebbe questo dalla sorte. Tiene costantemente gli occhi bassi; non li alza se non di sfuggita per esprimere al signor Paolino, di nascosto da Nonò, la sua angoscia e il suo martirio. Veste, s'intende, con goffaggine, perché la moda ha per sua natura l'ufficio di render goffa la virtù, e la signora Perella è pur costretta ad andare vestita secondo la moda, e Dio sa quanto ne soffre. Parla con querula voce, quasi lontana, come se realmente non parlasse lei, ma il burattinajo invisibile che le fa muovere, imitando malamente e goffamente una voce di donna malinconica. Se non che, ogni tanto, urtata o punta sul vivo, se ne dimentica, e ha scatti di voce, toni e modi naturalissimi.*

È una notazione crudele, in cui sembra esplodere, dopo essere stata a lungo repressa, la paura pirandelliana delle donne, la sua segreta ma indubitabile misoginia. Il fatto è che Pirandello sperimenta una situazione che aveva sempre rimosso, essendo inconcepibile per la sua visione schizofrenica della donna (o madre santa o femmina di piacere): la donna che è amante e madre al tempo stesso. Nel *Piacere dell'onestà* Agata Renni si negava ben presto come amante del marchese Fabio Colli per assurgere al profilo purissimo di madre inattingibile. La signora Perella resta invece per tutto il tempo dei tre atti madre e amante. Anzi, due volte amante di (Paolino e del marito) e due volte madre (di Nonò e del figlio che porta ormai in grembo da due mesi). Se la collocazione marginalissima della donna nella novella sembrava rispondere ancora al tentativo inconscio di occultare il tabù, nel testo teatrale Pirandello appare dominato da una voluttà di dissacrazione dei suoi valori più profondi, Pirandello ha inserito delle situazioni nuove rispetto al racconto; ha inventato nel primo atto un ambiguissimo dialogo fra i due amanti alle spalle del figlio di undici anni, allontanato sullo sfondo, ma che resta comunque come presenza inquietante. Mai Pirandello aveva accostato così crudamente la santità della maternità alle laidezze del sesso. La signora Perella è una *virtù* solo in senso antifrastico. Il binomio madre-amante non può darsi se non come trinomio madre-amante-puttana. Si veda a questo proposito nel secondo atto la sequenza della vestizione (anzi, della svestizione...) della singora Perella, che Paolino vuole acconciare in modo tale da suscitare immediatamente gli appetiti sessuali del capitano. La costringe a scollarsi profondamente, a imbellettarsi in maniera vistosa e volgare il viso, sì da ridurlo – dice la didascalia – «come quello d'una baldracca da trivio». Nella novella c'era un generico e vago consiglio di Paolino («Acconciati bene, per carità! Indossa quella camicetta di seta giapponese che ti sta tanto bene...»). Nessun accenno a dati carnali, al lavorio prolungato «per scoprire abbondantemente il seno imbandito». Una sottile vena sacrilega, quasi blasfema, circola per tutto il testo. Il farmacista ha recato il dolce afrodisiaco, e Paolino «va a prendere il pasticcio per collocarlo, con solennità sacerdotale in mezzo alla tavola, altare della Bestia, e tenendolo prima sollevato come un'ostia consacrata». Alla fine del secondo atto il capitano va a chiudersi nella sua camera da letto e la povera moglie siede su un seggiolone antico, «rivolta verso l'uscio della camera del marito, in modo che se questi aprisse, se la troverebbe davanti, in atteggiamento di "Ecce Ancilla Domini" circonfusa nel raggio di luna». Pensiamo un po': la signora Perella, travestita da «baldracca da trivio», che impersona la Vergine Maria! E Paolino che chiede un segno salvifico per la mattina seguente – non più il fazzoletto della novella ma un vaso di fiori esposto alla finestra della veranda – «resterà un momento nell'atteggiamento dell'Angelo annunziatore, col vaso in mano, nel quale sarà un giglio gigantesco». Didascalia, quest'ultima, che manca ancora alla seconda edizione del 1922 (in cui pure c'è già una certa revisione del testo) e che comparirà solo nell'edizione definitiva, alla luce dell'esperienza di regia maturata con il Teatro d'Arte. Per l'inverso lo scambio delle ultime due battute che sigillano l'atto («A domani, Paolino!», cui risponde l'uomo «Così sia!») prevedeva una didascalia di accompagnamento alla replica di Paolino («già presso la comune, congiungendo le mani») che scompare nella redazione finale e che aveva un evidente significato di irrisione religiosa. Ma è l'intero tessuto verbale – come si è ben visto, al di là delle cancellazioni e delle inserzioni su questo o su quel punto, nel passaggio da edizione a edizione – a mostrare una allusività scritturale di accento sarcastico e irriverente, decisamente bestemmiatore (come era in fondo in *Liolà*, cui peraltro questa farsa si ricollega molto).

L'uomo, la bestia e la virtù andò in scena per la prima volta a Milano, al Teatro Olympia, il 2 maggio 1919 (nella stessa città in cui aveva esordito, appena tre mesi prima, *L'innesto*), realizzato dalla compagnia di Antonio Gandusio, un attore brillante di tipo commerciale. Fu un insuccesso (si veda la cronaca della prima, stesa da Marco Praga, in Appendice). Pirandello non fu contento dello stile di recitazione di Gandusio (e nemmeno degli altri attori che ripresero successivamente la commedia). Avrebbe voluto una cifra stilistica vicina al "grottesco". Pensava a delle maschere per i personaggi (che però Gandusio non accettò). Pirandello riteneva di aver scritto non già una banale farsa, di gusto più o meno discutibile, ma un «apologo» (questo è il sottotitolo presente nelle prime stampe) Diventato capocomico del Teatro d'Arte, poté finalmente sperimentare le proprie concezioni registiche. La prima rappresentazione si ebbe al Teatro Chiarella di Torino, il 25 giugno 1926: Marta Abba nella parte protagonistica della signora Perella, Alessandro Ruffini (in altre repliche Lamberto Picasso) in quella di Paolino, Camillo Pilotto in quella del capitano. Tutti recitavano con delle maschere realizzate dal mascheraio Giovanni De Rossi (ad eccezione tuttavia di Paolino e del dottore). Neanche in questa occasione tuttavia la critica e il pubblico mostrarono di apprezzare maggiormente un testo che aveva il torto di risultare in qualche modo troppo "sgradevole". Ebbe invece successo in Francia la Abba recitando la commedia in francese, con attori francesi, nel 1931. D'altra parte il gusto del pubblico può anche cambiare con il modificarsi del normale senso del pudore. Ciò che risultava licenzioso agli spettatori degli anni venti finisce per essere quasi innocuo per gli spettatori dei decenni successivi. Resta il fatto indubbio che *L'uomo, la bestia e la virtù* è diventato uno dei testi più tradotti e più allestiti sulle scene europee.

Tra le riprese contemporanee del panorama italiano merita una menzione particolare la realizzazione offerta nel 1976 (ma riproposta anche in anni successivi) dalla compagnia Il Granteatro diretta da Carlo Cecchi, regia dello stesso Cecchi. Senza niente sapere della messinscena del Teatro d'Arte, Cecchi, per intuizione autonoma, arriva alla conclusione di utilizzare le maschere (in questo caso rigorosamente per tutti, anche per Paolino e il dottore). Sono mezzi volti di gomma e cuoio, grevi, animaleschi. Cec-

chi le usa all'interno di un approccio a Pirandello che vuole essere alternativo rispetto al largo consumo fattone dal
teatro ufficiale (dei teatri stabili e dei teatri privati). Ne
risultano fortemente accentuati tutta la cattiveria e il livo-
re che già sono – a livello più o meno inconsapevole – nel
testo pirandelliano. La vestizione-svestizione della signora
Perella ad opera di Paolino è per esempio continuamente
interrotta da ingressi furtivi, maliziosi, della domestica
che occhieggia, spia, origlia. La profanazione dei valori
della maternità è spinta a un limite cui neppure questo Pirandello sulfureo di *L'uomo, la bestia e la virtù* avrebbe
mai potuto giungere: Cecchi presenta Paolino e la donna
che stanno per baciarsi sulla bocca nonostante la presenza
del figlio nella stanza. Mettendo in scena Pirandello, Cecchi punta – come ha detto in un'intervista raccolta da
Franca Angelini – «a restituire tutto l'orrore di una socie-
tà, di una classe piccolo-borghese fascista».

Cronologia

Riportiamo qui di seguito i dati essenziali della vita e delle opere di Pirandello, utilizzando la *Cronologia della vita e delle opere di Luigi Pirandello* a cura di Mario Costanzo, premessa al primo volume di *Tutti i romanzi*, nella nuova edizione dei «Meridiani» (Mondadori, Milano 1973), nonché la *Cronologia*, più attenta alla realtà teatrale, premessa da Alessandro D'Amico al primo volume delle *Maschere Nude*, nella stessa nuova edizione sopra ricordata (Mondadori, Milano 1986).

1867
Luigi Pirandello nasce il 28 giugno in una villa di campagna presso Girgenti (dal 1927 Agrigento) da Stefano Pirandello, ex garibaldino, dedito alla gestione delle zolfare, e da Caterina Ricci-Gramitto, sorella di un compagno d'armi del padre. Un doppio segno politico-ideologico che influirà su Pirandello, destinato a risentire acutamente le frustrazioni storiche di un personale laico-progressista schiacciato dal trasformismo "gatto-pardesco" e dalla sostanziale immobilità della Sicilia post-unitaria (il che spiegherà anche l'adesione di Pirandello al fascismo, come sorta cioè di protesta polemica rispetto allo stato di cose presente).

1870-1879
Riceve in casa l'istruzione elementare. Da una anziana donna di casa apprende invece fiabe e leggende del folklore siciliano che ritroveremo in molte sue opere (l'Angelo Centuno, le Donne della notte, ecc.). Ha una

forte vocazione per gli studi umanistici; scrive a dodici anni una tragedia in cinque atti (perduta) che recita con le sorelle e gli amici nel teatrino di famiglia.

1880-1885
La famiglia si trasferisce da Girgenti a Palermo. Pirandello prosegue la propria educazione letteraria, legge i poeti dell'Ottocento e compone poesie a loro imitazione.

1886-1889
A 19 anni si iscrive alla facoltà di Lettere dell'Università di Palermo ma l'anno dopo si trasferisce all'Università di Roma. L'interesse poetico si è fatto sempre più preciso. Nel 1889 esce a Palermo, presso Pedone Lauriel, la sua prima raccolta di versi, *Mal giocondo*. Continua però anche a scrivere testi teatrali (per lo più perduti o distrutti); ricordiamo almeno qualche titolo: *Gli uccelli dell'alto* del 1886, *Fatti che or son parole* del 1887, *Le popolane* del 1888. È la smentita più eloquente del luogo comune – ancora oggi largamente dominante – secondo cui Pirandello scoprirebbe il teatro solo verso i cinquant'anni. È fuor di dubbio invece che il teatro fu un amore originario e autentico, particolarmente intenso fra i venti e i trent'anni. Semmai sono le delusioni per la mancata messa in scena dei propri lavori che finiscono per allontanare Pirandello dal teatro, rinforzando per reazione la sua vena poetica. Intanto un contrasto insorto con un professore dell'Università romana (che era anche preside della Facoltà) spinge Pirandello a trasferirsi a Bonn nel novembre del 1889.

1890-1891
A Bonn si innamora di una ragazza tedesca, Jenny Schulz-Lander cui dedica la seconda raccolta di poesie, *Pasqua di Gea*, che sarà pubblicata nel 1891. Sempre nel 1891 si laurea in Filologia Romanza discutendo in tedesco una tesi sulla parlata di Girgenti.

1892-1899
Non fa il servizio militare (l'obbligo è assunto dal fratello Innocenzo). Si stabilisce a Roma dove, mantenuto dagli assegni paterni, può soddisfare la propria vena artistica. Luigi Capuana lo introduce negli ambienti letterari e giornalistici romani, sollecitandolo altresì a cimentarsi nella narrativa. Pirandello inizia così a collaborare a giornali e riviste. Si è sposato nel 1894 con Antonietta Portulano, figlia di un socio in affari del padre. Sempre nel '94 esce la prima raccolta di novelle, *Amori senza amore*. Compone ma non pubblica, fra il 1893 e il 1895, i suoi due primi romanzi, *L'esclusa* e *Il turno*. Non rinuncia però ancora del tutto al teatro. Nel '95 lavora a un dramma, *Il nido*, destinato a restare per vent'anni nei cassetti e a subire numerosi cambiamenti di titolo: *Il nibbio, Se non così, La ragione degli altri*. Intanto la famiglia è cresciuta: nel '95 nasce Stefano, nel '97 Rosalia, detta Lietta, nel '99 Fausto. Comincia a insegnare lingua italiana all'Istituto Superiore di Magistero di Roma.

1900-1904
È un quinquennio assai fertile per la narrativa. Mentre pubblica finalmente *L'esclusa*, nel 1901, e *Il turno*, nel 1902, compone il suo terzo romanzo, *Il fu Mattia Pascal*, pubblicato a puntate su rivista nel 1904. Una lettera del gennaio 1904 dimostra il suo interesse precoce per il cinematografo: medita già infatti un romanzo su questo ambiente (sarà il futuro *Si gira...* che sarà pubblicato nel 1915). Ma il 1903 è per lui un anno tragico: fallisce finanziariamente il padre e nella rovina è dissolta anche la dote della moglie la quale, in questa occasione, patisce il primo trauma che la condurrà a poco a poco alla pazzia. È un nuovo Pirandello che emerge dalla disgrazia: con moglie e tre figli da mantenere, si ingegna di arrotondare il magro stipendio di insegnante con lezioni private e con i quattro soldi per le sue collaborazioni giornalistiche.

1905-1914
È un decennio di passaggio e di trasformazione, ricco di risultati di scrittura, creativa e saggistica. Il relativo successo del *Fu Mattia Pascal* gli apre le porte di una casa editrice importante, quella di Treves. Dal 1909 inizia anche la collaborazione al prestigioso «Corriere della Sera». Nel 1908 pubblica il suo contributo teorico più noto, *L'umorismo*, ma anche il saggio *Illustratori, attori e traduttori* che rivela tutta la diffidenza pirandelliana verso il mondo degli operatori teatrali, verso la realtà concreta, materiale, della scena. Prosegue anche la produzione di romanzi: nel 1909 l'affresco storico *I vecchi e i giovani*, sulle vicende siciliane fra Garibaldi e Fasci Siciliani; nel 1911 *Suo marito* nel quale il teatro ha una certa parte (la protagonista è una scrittrice che compone anche due drammi: uno è il vecchio e mai rappresentato *Se non così*; l'altro sarà il mito *La nuova colonia*). Nel 1910, per incitamento dell'amico Nino Martoglio, commediografo e direttore di teatro siciliano, compone l'atto unico *Lumìe di Sicilia*, ricavato dalla novella omonima. È l'inizio di una ripresa netta di attenzione per il teatro. Scrive essenzialmente atti unici, che cominciano però ad avere la verifica della messinscena.

1915-1920
È la grande esplosione della drammaturgia pirandelliana. Scrive e fa rappresentare in questo periodo *La ragione degli altri*, una serie di testi in siciliano (*Pensaci, Giacomino!*, *Il berretto a sonagli*, *Liolà*, *La giara*), nonché le prime fondamenta della sua produzione "borghese" (*Così è (se vi pare)*, *Il piacere dell'onestà*, *L'innesto*, *Il giuoco delle parti*, *Tutto per bene*, ecc.). Per i lavori dialettali si appoggia al geniale attore siciliano Angelo Musco, ma per i testi in lingua può contare sui più bei nomi del mondo dello spettacolo italiano: Ruggero Ruggeri, che sarà un raffinato interprete pirandelliano, Marco Praga, Virgilio Talli, uno dei padri anticipatori del nuo-

vo teatro di regia. L'intensa attività teatrale corrisponde a una fase fortemente drammatica della biografia pirandelliana: il figlio Stefano, volontario in guerra, è fatto prigioniero dagli austriaci; nel 1919 la moglie è internata in una casa di cura (arrivava ad accusare il marito di passione incestuosa per la figlia Lietta).

1921-1924

Siamo al punto più alto della creatività drammaturgica di Pirandello. Il 9 maggio 1921 i *Sei personaggi in cerca d'autore* cadono rovinosamente al Teatro Valle di Roma, ma si impongono a Milano il 27 settembre dello stesso anno. Due anni dopo, a Parigi, sono allestiti da Georges Pitoëff: è il trampolino di lancio per un successo europeo e mondiale, dei *Sei personaggi* e di Pirandello in generale. Nell'autunno dello stesso '21 compone *Enrico IV*, in scena a Milano il 24 febbraio del '22: un trionfo personale di Ruggero Ruggeri. Nasce anche il "pirandellismo", auspice il filosofo Adriano Tilgher che nel '22 pubblica pagine rimaste memorabili sullo spessore filosofeggiante del pensiero pirandelliano. *Ciascuno a suo modo*, allestito nel '24, prosegue il discorso metateatrale iniziato da Pirandello con i *Sei personaggi*, ma è anche già un modo di riflettere sui complessi problemi che la diffusione del pirandellismo determina a livello di pubblico, di critica, di rapporti autore-attori-spettatori. Il 19 settembre 1924 chiede l'iscrizione al partito fascista con una lettera pubblicata su «L'Impero»: è anche un gesto provocatorio in un momento in cui i contraccolpi del delitto Matteotti sembrano alienare al fascismo alcune simpatie su cui aveva fino a quel momento contato.

1925-1928

Ristampa nel '25 i *Sei personaggi* in una nuova edizione riveduta e ampliata, che tiene conto anche di taluni suggerimenti dello spettacolo di Pitoëff. Pirandello si apre sempre più alla dimensione pratica, concreta, del mondo della scena. Tra il '25 e il '28 dirige la compagnia del neonato Teatro d'Arte di Roma che inaugura la propria attività il 4 aprile 1925 con l'atto unico *Sagra del Signore della Nave*. Pirandello si fa capocomico, si cala con impegno dentro i problemi della messinscena e della regia (ancora sostanzialmente sconosciuta in Italia). Con il Teatro d'Arte allestisce testi suoi ma anche testi di altri, in Italia e all'estero. Il Teatro d'Arte rivela una nuova attrice, Marta Abba, grande amore tardivo dello scrittore, cui ispira nuovi lavori: *Diana e la Tuda*, *L'amica delle mogli*, *La nuova colonia*, ecc.

1929-1936

Nel marzo del 1929 è chiamato a far parte della Regia Accademia d'Italia. Ha ormai raggiunto una fama internazionale. Alcuni suoi nuovi lavori vedono la prima mondiale all'estero. È il caso di *Questa sera si recita a soggetto*, allestita il 25 gennaio 1930 a Berlino, con la quale Pirandello chiude la trilogia del "teatro nel teatro" iniziata con i *Sei personaggi*. Nello stesso anno la Abba allestisce *Come tu mi vuoi*, da cui verrà tratto un film, girato a Hollywood nel 1932, con Greta Garbo e Erich von Stroheim. Il 20 settembre 1933 va in scena a Buenos Aires *Quando si è qualcuno*; il 19 dicembre 1934 a Praga è la volta di *Non si sa come*. Nello stesso '34 riceve il premio Nobel per la letteratura. Ritorna in questi ultimi anni a scrivere novelle, diradatesi dal '26 in avanti. Sono novelle di un genere nuovo, più attente alla dimensione surreale, alle suggestioni del mondo inconscio. Moltiplica la propria presenza nel mondo del cinema. Cura i dialoghi del film *Il fu Mattia Pascal* di Pierre Chenal, girato a Roma, negli stabilimenti di Cinecittà. Si ammala di polmonite alle ultime riprese e muore a Roma il 10 dicembre 1936.

Catalogo delle opere drammatiche

Riportiamo qui di seguito una sintesi dell'accuratissimo *Catalogo* redatto da Alessandro D'Amico e premesso al secondo volume delle *Maschere Nude*, nella nuova edizione dei «Meridiani», curato dallo stesso D'Amico (Mondadori, Milano 1993). Per i dati relativi alle prime rappresentazioni e alle compagnie teatrali si è fatto ricorso anche a M. Lo Vecchio Musti, *Bibliografia di Pirandello*, Mondadori, Milano 1952², pp. 177-185.

Legenda

Titolo: l'asterisco contrassegna i 43 testi compresi nelle «Maschere nude»; la definizione che segue il titolo: fuori parentesi, è tratta dalle stampe; in parentesi tra virgolette, è tratta da fonti manoscritte; in parentesi senza virgolette è una nostra ipotesi.

Fonte: salvo indicazione contraria il titolo si riferisce alle novelle che costituiscono la fonte principale del dramma; tra parentesi l'anno di pubblicazione.

Stesura: la datazione si riferisce sempre alla prima stesura ed è per lo più basata sull'epistolario.

Edizioni: viene indicato l'anno della prima stampa e delle successive edizioni con varianti rispetto alla prima; l'asterisco segnala le edizioni nelle quali la revisione del testo è stata più consistente; non vengono indicate le semplici ristampe.

Note: per «autografo» si intende uno scritto a mano o un dattiloscritto di Pirandello; per «apografo», un manoscritto coevo di mano di copista.

titolo	*fonte*	*stesura*
*L'EPILOGO ("scene drammatiche"; poi intit. LA MORSA, epi- logo in un atto)	nel 1897 uscirà una novella, «La paura», sullo stesso sog- getto	novembre 1892
*[IL NIDO] ("dramma in quattro atti"; poi intit. IL NIBBIO, SE NON COSÌ, e infine LA RAGIONE DEGLI ALTRI, commedia in tre atti)	«Il nido» (1895)	fine 1895
*LUMIE DI SICILIA commedia in un atto	«Lumie di Sicilia» (1900)	1910 (?)
*IL DOVERE DEL MEDICO un atto	«Il gancio» (1902; poi intit. «Il do- vere del me- dico» 1911)	1911
*CECÉ commedia in un atto		luglio 1913
LUMIE DI SICILIA (versione siciliana)	vedi sopra	maggio 1915

I rappr.	edizioni	note
Roma, 9 dic. 1910 Teatro Metastasio Compagnia del Teatro Minimo diretta da Nino Martoglio	1898.1914*. 1922*	autografo
Milano, 19 apr. 1915 Teatro Manzoni Compagnia Stabile Milanese diretta da Marco Praga (prima attrice Irma Gramatica)	1916.1917*. 1921.1925*. 1935	
Roma, 9 dic. 1910 Vedi sopra *La Morsa*, insieme alla quale andò in scena	1911.1920*. 1926	apografo
Torino, 19 apr. 1912	1912.1926*	
Roma, 14 dic. 1915 Teatro Orfeo Compagnia Ignazio Mascalchi	1913.1926	
Catania, 1 lug. 1915 Arena Pacini Compagnia Angelo Musco	1993	autografo

titolo	fonte	stesura
PENSACI, GIACUMINU! (in siciliano e italiano) commedia in tre atti	«Pensaci, Giacomino!» (1910)	feb.-mar. 1916
*ALL'USCITA mistero profano		aprile 1916
'A BIRRITTA CU 'I CIANCIA-NEDDI (in siciliano) commedia in due atti	«La verità» (1912) «Certi obbli-ghi» (1912)	agosto 1916
LIOLÀ (in agrigentino) commedia campestre in tre atti	Capitolo IV del romanzo «Il fu Mattia Pascal» (1904); «La mosca» (1904)	ago.-set. 1916
'A GIARRA (in agrigentino) commedia in un atto	«La giara» (1909)	1916 (otto-bre?)
*PENSACI, GIACOMINO! (versione italiana)	vedi sopra	gennaio 1917 (circa)
LA MORSA (versione siciliana)	vedi sopra	1917 (feb-braio?)

I rappr.	edizioni	note
Roma, 10 lug. 1916 Teatro Nazionale Compagnia Angelo Musco	1993	apografi
Roma, 28 sett. 1922 Teatro Argentina Compagnia Lamberto Picasso	1916	
Roma, 27 giu. 1917 Teatro Nazionale Compagnia Angelo Musco	1988	autografo
Roma, 4 nov. 1916 Teatro nazionale Compagnia Angelo Musco	1917 (testo siciliano e traduzione italiana)	autografo
Roma, 9 lug. 1917 Teatro Nazionale Compagnia Angelo Musco	1963	autografo
Milano, 11 ott. 1920 Teatro Manzoni Compagnia Ugo Piperno	1917.1918. 1925*.1935	
Roma, 6 set. 1918 Teatro Manzoni Compagnia Giovanni Grasso jr.	1993	apografo

titolo	fonte	stesura
*COSÌ È (SE VI PARE) parabola in tre atti	«La signora Frola e il signor Ponza, suo genero» (1917)	mar.-apr. 1917
*IL PIACERE DELL'ONESTÀ commedia in tre atti	«Tirocinio» (1905)	apr.-mag. 1917
*L'INNESTO commedia in tre atti		ott.-dic. 1917
LA PATENTE (in siciliano e italiano) commedia in tre atti	«La patente» (1911)	(1917? dicembre?)
*LA PATENTE (versione italiana)	vedi sopra	dic. 1917-gen. 1918
*MA NON È UNA COSA SERIA commedia in tre atti	«La signora Speranza» (1902) «Non è una cosa seria» (1910)	ago. (?) 1917-feb. 1918
*IL BERRETTO A SONAGLI (versione italiana)	vedi sopra	estate 1918

I rappr.	edizioni	note
Milano, 18 giu. 1917 Teatro Olympia Compagnia Virgilio Talli	1918.1918. 1925*.1935	
Torino, 27 nov. 1917 Teatro Carignano Compagnia Ruggero Ruggeri	1918.1918. 1925*.1935	
Milano, 29 gen. 1919 Teatro Manzoni Compagnia Virgilio Talli	1919.1921*. 1925.1936	autografo
Torino, 23 mar. 1918 Teatro Alfieri Compagnia Angelo Musco	1986	autografo
	1918.1920*. 1926	
Livorno, 22 nov. 1918 Teatro Rossini Compagnia Emma Gramatica	1919.1925	
Roma, 15 dic. 1923 Teatro Morgana Compagnia Gastone Monaldi	1918.1920*. 1925*	

titolo	fonte	stesura
*IL GIUOCO DELLE PARTI in tre atti	«Quando s'è capito il giuoco» (1913)	lug.-set. 1918
*L'UOMO, LA BESTIA E LA VIRTÙ apologo in tre atti	«Richiamo all'obbligo» (1906)	gen.-feb. 1919
*COME PRIMA, MEGLIO DI PRIMA commedia in tre atti	«La veglia» (1904)	1919 (ottobre?)
*TUTTO PER BENE commedia in tre atti	«Tutto per bene» (1906)	1919-1920
*LA SIGNORA MORLI, UNA E DUE (anche DUE IN UNA) commedia in tre atti	«Stefano Giogli, uno e due» (1909) «La morta e la viva» (1910)	1920 (est.-aut.?)

I rappr.	edizioni	note
Roma, 6 dic. 1918 Teatro Quirino Compagnia Ruggero Ruggeri (prima attrice Vera Vergani)	1919.1919*. 1925.1935	
Milano, 2 mag. 1919 Teatro Olympia Compagnia Antonio Gandusio	1919.1922*. 1935*	
Napoli, 14 feb. 1920	1921.1935	
Roma, 2 mar. 1920 Teatro Quirino Compagnia Ruggero Ruggeri	1920.1935	
Roma, 12 nov. 1920 Teatro Argentina Compagnia Emma Gramatica	1922.1936	

titolo	fonte	stesura
*SEI PERSONAGGI IN CERCA D'AUTORE commedia da fare	«Personaggi» (1906) «La tragedia di un personaggio» (1911) «Colloqui coi personaggi» (1915)	ott. 1920-gen. (?) 1921
*ENRICO IV tragedia in tre atti		sett.-nov. 1921
*VESTIRE GLI IGNUDI commedia in tre atti		apr.-mag. 1922
*L'IMBECILLE commedia in un atto	«L'imbecille» (1912)	?
*L'UOMO DAL FIORE IN BOCCA dialogo	«Caffè notturno» (1918, poi intit. «La morte addosso» 1923)	?

I rappr.	edizioni	note
Roma, 9 mag. 1921 Teatro Valle Compagnia Dario Nicco- demi (interpreti Luigi Al- mirante e Vera Vergani)	1921.1923*. 1925*.1927. 1935	
Milano, 24 feb. 1922 Teatro Manzoni Compagnia Ruggero Rug- geri e Virgilio Talli	1922.1926*. 1933	autografi prime ste- sure
Roma, 14 nov. 1922 Teatro Quirino Compagnia Maria Melato	1923.1935	autografo
Roma, 10 ott. 1922 Teatro Quirino Compagnia Alfredo Sai- nati	1926.1935	autografo
Roma, 21 febbraio 1923 Teatro degli Indipendenti Compagnia degli Indipen- denti diretta da Anton Giulio Bragaglia	1926.1935	

titolo	fonte	stesura
*LA VITA CHE TI DIEDI tragedia in tre atti	«La camera in attesa» (1916) «I pensionati della memoria» (1914)	gen.-feb. 1923
*CIASCUNO A SUO MODO commedia in due o tre atti con intermezzi corali	da un episodio del rom. «Si gira...» (1915)	1923 (apr.-mag.?)
*L'ALTRO FIGLIO commedia in un atto	«L'altro figlio» (1905)	?
*SAGRA DEL SIGNORE DELLA NAVE commedia in un atto	«Il Signore della Nave» (1916)	estate 1924
*LA GIARA (versione italiana)	vedi sopra	1925?
*DIANA E LA TUDA tragedia in tre atti		ott. 1925-ago..1926

I rappr.	edizioni	note
Roma, 12 ott. 1923 Teatro Quirino Compagnia Alda Borelli	1924.1933	
Milano, 23 mag. 1924 Teatro dei Filodrammatici Compagnia Dario Nicco- demi (interpreti Luigi Ci- mara e Vera Vergani)	1924.1933*	
Roma, 23 nov. 1923 Teatro Nazionale Compagnia Raffaello e Garibalda Niccòli	1925	
Roma, 2 apr. 1925 Teatro Odescalchi Compagnia Teatro d'Arte diretta da Luigi Pirandello	1924.1925	
Roma, 30 mar. 1925	1925	
Milano, 14 gen. 1927 Teatro Eden Compagnia Teatro d'Arte diretta da Luigi Pirandello (prima attrice Marta Abba) (I rappr. assoluta: «Diana und die Tuda», Zurigo, 20 nov. 1926)	1927.1933	

titolo	fonte	stesura
*L'AMICA DELLE MOGLI commedia in tre atti	«L'amica delle mogli» (1894)	ago. 1926
*BELLAVITA un atto	«L'ombra del rimorso» (1914)	1926 (ante 17 ott.)
*LIOLÀ (versione italiana)	vedi sopra	1927?
*LA NUOVA COLONIA mito - prologo e tre atti	trama nel romanzo «Suo marito» (1911)	mag. 1926- giu. 1928
*LAZZARO mito in tre atti		1928 (feb.- apr.?)

I rappr.	edizioni	note
Roma, 28 apr. 1927 Teatro Argentina Compagnia Teatro d'Arte diretta da Luigi Pirandello (interpreti Marta Abba e Lamberto Picasso)	1927.1936	
Milano, 27 maggio 1927 Teatro Eden Compagnia Almirante- Rissone-Tofano	1928.1933	autografo
Roma, 12 nov. 1929 Teatro Orfeo Compagnia Ignazio Ma- scalchi (primo attore Carlo Lombardi)	1928.1937*	
Roma, 24 mar. 1928 Teatro Argentina Compagnia Teatro d'Arte diretta da Luigi Pirandello (interpreti Marta Abba e Lamberto Picasso)	1928	
Torino, 7 dic. 1929 Teatro di Torino Compagnia Marta Abba (I rappr. assoluta in in- glese: Huddersfield, 9 lug. 1929)	1929	

titolo	fonte	stesura
*SOGNO (MA FORSE NO)		dic. 1928-gen. 1929
*QUESTA SERA SI RECITA A SOGGETTO	«Leonora addio!» (1910)	fine 1928-inizio 1929
*O DI UNO O DI NESSUNO commedia in tre atti	«O di uno o di nessuno» (1912 e 1925)	apr.-mag. 1929
*COME TU MI VUOI (tre atti)		lug.-ott. 1929
*LA FAVOLA DEL FIGLIO CAMBIATO tre atti in cinque quadri musica di Gian Francesco Malipiero	«Il figlio cambiato› (1902)	prim. 1930-mar.-giu. 1932

I rappr.	edizioni	note
Genova, 10 dic. 1937 Giardino d'Italia Filodrammatica del Gruppo Universitario di Genova (I rappr. assoluta: «Sonho (mas talvez nâo)», Lisbona, 22 set. 1931)	1929	
Torino, 14 apr. 1930 Teatro di Torino Compagnia Guido Salvini (I rappr. assoluta: «Heute Abend wird aus dem Stegreif gespielt», Königsberg, 25 gen. 1930)	1930.1933*	
Torino, 4 nov. 1929 Teatro di Torino Compagnia Almirante-Rissone-Tofano	1929	
Milano, 18 feb. 1930 Teatro dei Filodrammatici Compagnia Marta Abba	1930.1935	
Roma, 24 mar. 1934 Teatro Reale dell'Opera Musica di Gian Francesco Malipiero Direttore d'orchestra Gino Marinuzzi (I rappr. assoluta: «Die Legende von verstauschten Sohn», Braunschweig, 13 gen. 1934)	1933.1938*	

titolo	fonte	stesura
*I FANTASMI (prima e seconda parte del "mito" I GIGANTI DELLA MONTAGNA)		apr. 1930- mar. 1931
*TROVARSI tre atti		lug.-ago. 1932
*QUANDO SI È QUALCUNO rappresentazione in tre atti		set.-ott. 1932
*I GIGANTI DELLA MONTAGNA ("secondo atto", corrispondente alla terza parte)	«Lo stormo e l'Angelo Centuno» (1910)	estate 1933
*NON SI SA COME dramma in tre atti	«Nel gorgo» (1913) «Cinci» (1932) «La realtà del sogno» (1914)	lug.-set. 1934

I rappr.	edizioni	note
Firenze, 5 giu. 1937 Giardino di Boboli Complesso diretto da Renato Simoni (interpreti Andreina Pagnani e Memo Benassi)	1931.1933	autografo
Napoli, 4 nov. 1932 Teatro dei Fiorentini Compagnia Marta Abba	1932	
San Remo, 7 nov. 1933 Teatro del Casino Municipale Compagnia Marta Abba (I rappr. assoluta: «Cuando se es alguien», Buenos Aires, 20 set. 1933)	1933	
Firenze, 5 giugno 1937 vedi sopra *I fantasmi*	1934	il terzo e ultimo atto (o quarta parte) non fu mai scritto
Roma, 13 dic. 1935 Teatro Argentina Compagnia Ruggero Ruggeri (I rappr. assoluta: «Člověk ani neví jak» Praga, 19 dic. 1934)	1935	

Bibliografia

Opere di Pirandello

Tutte le opere di Pirandello sono ristampate nei «Classici Contemporanei Italiani» di Mondadori (due volumi di *Maschere Nude*, due di *Novelle per un anno*, uno di *Tutti i romanzi* e uno di *Saggi, poesie, scritti varii*). È attualmente in corso di pubblicazione nella collezione «I Meridiani», di Mondadori, una riedizione integrale di tutto il *corpus* pirandelliano, su basi filologiche più attente e rigorose, diretta da Giovanni Macchia. Per il momento sono usciti:

- *Tutti i romanzi*, due volumi, a cura di Giovanni Macchia con la collaborazione di Mario Costanzo, Introduzione di Giovanni Macchia, Cronologia, Note ai testi e varianti a cura di Mario Costanzo (1973);
- *Novelle per un anno*, tre volumi, ciascuno in due tomi, a cura di Mario Costanzo, Premessa di Giovanni Macchia, Cronologia, Note ai testi e varianti a cura di Mario Costanzo (1985; 1987; 1990);
- *Maschere Nude*, due volumi, a cura di Alessandro D'Amico, Premessa di Giovanni Macchia, Cronologie 1875-1917 e 1918-22, Catalogo delle opere drammatiche, Note ai testi e varianti a cura di Alessandro D'Amico (1986; 1993).

Dell'ampio epistolario pirandelliano ci limitiamo a ricordare quanto è uscito in volume:

- Pirandello-Martoglio, *Carteggio inedito*, commento e note di Sarah Zappulla Muscarà, Pan, Milano 1979.
- Luigi Pirandello, *Carteggi inediti con Ojetti - Alberti-*

ni - Orvieto - Novaro - De Gubernatis - De Filippo, a cura di Sarah Zappulla Muscarà, Bulzoni, Roma 1980.

– Luigi Pirandello, *Lettere da Bonn (1889-1891)*, introduzione e note di Elio Providenti, Bulzoni, Roma 1984.

– Luigi Pirandello, *Epistolario familiare giovanile (1886-1898)*, a cura di Elio Providenti, Le Monnier, Firenze 1986.

Studi biografici e bibliografici

Federico Vittore Nardelli, *L'uomo segreto. Vitu e croci di Luigi Pirandello*, Mondadori, Verona 1932 (ristampato con il titolo *Pirandello. L'uomo segreto*, a cura e con prefazione di Marta Abba, Bompiani, Milano 1986.

Manlio Lo Vecchio Musti, *Bibliografia di Pirandello*, Mondadori, Milano 1937, 1952[2].

Gaspare Giudice, *Luigi Pirandello*, Utet, Torino 1963.

Franz Rauhut, *Der junge Pirandello*, Beck, München 1964 (cronologia alle pp. 443-482).

Alfredo Barbina, *Bibliografia della critica pirandelliana, 1889-1961*, Le Monnier, Firenze 1967.

Fabio Battistini, *Giunte alla bibliografia di Luigi Pirandello*, in «L'osservatore politico letterario», Milano, dicembre 1975, pp. 43-58.

Enzo Lauretta, *Luigi Pirandello*, Mursia, Milano 1980.

Studi critici

Adriano Tilgher, *Studi sul teatro contemporaneo*, Libreria di Scienze e Lettere, Roma 1922.

Piero Gobetti, *Opera critica*, vol. II, Edizioni del Baretti, Torino 1927.

Benedetto Croce, *Luigi Pirandello*, in *Letteratura della Nuova Italia*, vol. VI, Laterza, Bari 1940.

Antonio Gramsci, *Letteratura e vita nazionale*, Einaudi, Torino 1950.

Leonardo Sciascia, *Pirandello e il pirandellismo*, Sciascia, Caltanissetta 1953.

Giacomo Debenedetti, *«Una giornata» di Pirandello*, in *Saggi critici*, Mondadori, Milano 1955.

Carlo Salinari, *Miti e coscienza del decadentismo italiano*, Feltrinelli, Milano 1960.

Leonardo Sciascia, *Pirandello e la Sicilia*, Sciascia, Caltanissetta-Roma 1961.

Arcangelo Leone de Castris, *Storia di Pirandello*, Laterza, Bari 1962.

Gösta Andersson, *Arte e teoria. Studi sulla poetica del giovane Luigi Pirandello*, Almqvist & Wiksell, Stockholm 1966.

Lucio Lugnani, *Pirandello, Letteratura e teatro*, La Nuova Italia, Firenze 1970.

Claudio Vicentini, *L'estetica di Pirandello*, Mursia, Milano 1970.

Gianfranco Venè, *Pirandello fascista*, Sugar, Milano 1971.

Giacomo Debenedetti, *Il romanzo del Novecento*, Garzanti, Milano 1971.

Roberto Alonge, *Pirandello tra realismo e mistificazione*, Guida, Napoli 1972.

Renato Barilli, *La linea Svevo-Pirandello*, Mursia, Milano 1972.

Silvana Monti, *Pirandello*, Palumbo, Palermo 1974.

Jean-Michel Gardair, *Pirandello e il suo doppio*, Abete, Roma 1977.

Robert Dombroski, *La totalità dell'artificio. Ideologia e forme nel romanzo di Pirandello*, Liviana, Padova 1978.

Alfredo Barbina, *La biblioteca di Luigi Pirandello*, Bulzoni, Roma 1980.

Paolo Puppa, *Fantasmi contro giganti. Scena e immaginario in Pirandello*, Pàtron, Bologna 1978.

Giovanni Macchia, *Pirandello o la stanza della tortura*, Mondadori, Milano 1981.

Massimo Castri, *Pirandello Ottanta*, Ubulibri, Milano 1981.

Jean Spizzo, *Pirandello: dissolution et genèse de la représentation théâtrale. Essai d'interprétation psychanalytique de la dramaturgie pirandellienne*, volumi due (thèse d'état, Paris VIII).

Elio Gioanola, *Pirandello la follia*, Il melangolo, Genova 1983.

Sarah Zappulla Muscarà, *Pirandello in guanti gialli*, Sciascia, Caltanissetta-Roma 1983.

Guido Davico Bonino (a cura di), *La "prima" dei «Sei personaggi in cerca d'autore».* Scritti di Luigi Pirandello, testimonianze, cronache teatrali, Tirrenia Stampatori, Torino 1983.

Nino Borsellino, *Ritratto di Pirandello*, Laterza, Bari 1983.

Roberto Alonge-André Bouissy-Lido Gedda-Jean Spizzo, *Studi pirandelliani. Dal testo al sottotesto*, Pitagora, Bologna 1986.

Giovanni Cappello, *Quando Pirandello cambia titolo: occasionalità o strategia?*, Mursia, Milano 1986.

Lucio Lugnani, *L'infanzia felice e altri saggi su Pirandello*, Liguori, Napoli 1986.

Alessandro D'Amico-Alessandro Tinterri, *Pirandello capocomico. La compagnia del Teatro d'Arte di Roma, 1925-1928*, Sellerio, Palermo 1987.

Giuseppina Romano Rochira, *Pirandello capocomico e regista nelle testimonianze e nella critica*, Adriatica, Bari 1987.

Paolo Puppa, *Dalle parti di Pirandello*, Bulzoni, Roma 1987.

Umberto Artioli, *Le sei tele divine. L'enigma di Pirandello*, Laterza, Bari 1988.

Roberto Alonge, *Studi di drammaturgia italiana*, Bulzoni, Roma 1989.

Atti di convegni

Teatro di Pirandello, Centro Nazionale Studi Alfieriani, Asti 1967.
`Atti del congresso internazionale di studi pirandelliani*, Le Monnier, Firenze 1967.
I miti di Pirandello, Palumbo, Palermo 1975.
Il romanzo di Pirandello, Palumbo, Palermo 1976.
Il teatro nel teatro di Pirandello, Centro Nazionale Studi Pirandelliani, Agrigento 1977.
Pirandello e il cinema, Centro Nazionale Studi Pirandelliani, Agrigento 1978.
Gli atti unici di Pirandello, Centro Nazionale Studi Pirandelliani, Agrigento 1978.
Le novelle di Pirandello, Centro Nazionale Studi Pirandelliani, Agrigento 1980.
Pirandello poeta, Vallecchi, Firenze 1981.
Pirandello saggista, Palumbo, Palermo 1982.
Pirandello e il teatro del suo tempo, Centro Nazionale Studi Pirandelliani, Agrigento 1983.
Pirandello dialettale, Palumbo, Palermo 1983.
Pirandello e la cultura del suo tempo, Mursia, Milano 1984.
Pirandello e la drammaturgia tra le due guerre, Centro Nazionale Studi Pirandelliani, Agrigento 1985.
Teatro: teorie e prassi, La Nuova Italia Scientifica, Firenze 1986.
Testo e messa in scena in Pirandello, La Nuova Italia Scientifica, Firenze 1986.

Studi specifici su «L'innesto», «La patente»,
«L'uomo, la bestia e la virtù»

Su L'*innesto* si vedano in particolare:

Sabatino Lopez, *Dal carteggio di Virgilio Talli*, Treves, Milano 1931, pp. 147-163.

Paul Renucci, *Notice* in Pirandello, *Théâtre complet*, a cura di Paul Renucci, Gallimard, Paris 1977, vol. I, pp. 1291-1295.

Roberto Alonge, *Un innesto "giallo" di Pirandello*, in «Cinema Nuovo», novembre-dicembre 1985, pp. 60-61.

Su *La patente* si vedano in particolare:

Federico Doglio, *Il grottesco e il paradosso: "La patente", "L'imbecille", "Bellavita"*, in AA.VV., *Gli atti unici di Pirandello (tra narrativa e teatro)*, cit., pp. 54-59.

Paul Renucci, *Notice*, in Pirandello, *Théâtre complet*, cit., vol. I, pp. 1268-1272.

Sarah Zappulla Muscarà, *"'A patenti" di Luigi Pirandello*, in «Teatro Archivio», 9, maggio 1986, pp. 29-107 (contiene la trascrizione del manoscritto autografo bilingue e una rassegna bibliografica delle messinscene sino al 1937).

Su *L'uomo, la bestia e la virtù* si vedano in particolare:

Paul Renucci, *Notice* in Pirandello, *Théâtre complet*, cit., vol. I, pp. 1296-1305.

Franca Angelini, *Su un teatro "teatrale": "L'uomo, la bestia e la virtù" di Carlo Cecchi* in «Rivista di studi pirandelliani», nuova serie 1, 1984, pp. 108-119 (sull'allestimento di Cecchi).

Alessandro D'Amico-Alessandro Tinterri, *Pirandello capocomico. La Compagnia del Teatro d'Arte di Roma 1925-1928*, cit., pp. 206-208 (sull'allestimento del Teatro d'Arte).

L'INNESTO

Commedia in tre atti

.

PERSONAGGI

Laura Banti, *moglie di*
Giorgio Banti
La Signora Francesca Betti, *madre di Laura e di*
Giulietta
L'Avvocato Arturo Nelli
La Signora Nelli
Il Dottor Romeri
Il Delegato
La Zena, *contadina*
Filippo, *vecchio giardiniere*
Un cameriere, una cameriera, il portiere, due guardie che non parlano

Il primo atto a Roma
Il secondo e il terzo in una villa a Monteporzio
Oggi

ATTO PRIMO

Salotto elegantemente mobiliato in casa Banti. Uscio comune in fondo, e laterali a destra e a sinistra (dell'attore).

SCENA PRIMA
La SIGNORA NELLI, *la* SIGNORA FRANCESCA, *e* GIULIETTA.

Al levarsi della tela la signora Nelli, in visita, attende, sfogliando in piedi presso un tavolinetto una rivista illustrata. Entrano poco dopo dall'uscio a sinistra, anch'esse col cappello in capo, la signora Francesca e Giulietta.

FRANCESCA (*vecchia provinciale arricchita, troppo stretta in un abito troppo elegante, che contrasta con l'aria un po' goffa e il modo di parlare. Non è sciocca; piuttosto un po' sguajata*) Cara signora mia!

SIGNORA NELLI (*elegante, ma già sciupata, con qualche velleità di tenersi ancor su, in un mondo che non è più per lei*) Oh! la signora Francesca! Giulietta!

Scambio di saluti.

FRANCESCA Vede? Qua anche noi, ad aspettare.

SIGNORA NELLI Già; ho saputo.

FRANCESCA Sarà un'ora. No, più, più, che dico? Saranno almeno due ore!

GIULIETTA (*molto fine, atteggiamento stanco, con qualche affettazione di superiorità*) È veramente strano, creda. Sto in pensiero.

SIGNORA NELLI Perché? Manca forse da troppo tempo?

GIULIETTA Ma sì! Da questa mattina, alle sei; si figuri!

SIGNORA NELLI Uh! Alle sei? Laura è uscita di casa alle sei?

FRANCESCA (*a Giulietta, risentita*) Se dici così «alle sei», chi sa che cosa puoi far credere, Dio mio! Bisogna dire che è uscita con la co... con la cosa...

GIULIETTA (*piano, seccata, suggerendo*) Con la scatola.

FRANCESCA Ecco, già! dei colori.

SIGNORA NELLI Ah, brava! Ha ripreso dunque a dipingere, Laura?

FRANCESCA Sissignora. Da tre giorni. Va in campagna – cioè, non so, in un bosco...

GIULIETTA Ma che bosco! A Villa Giulia, mammà!

FRANCESCA Io ho vissuto sempre a Napoli, signora mia. Di queste ville di qua, poco m'intendo.

GIULIETTA Già! Ma jeri e l'altro jeri, capisce? alle undici al massimo è stata di ritorno. Ora, a momenti è sera, e...

SIGNORA NELLI Avrà voluto forse finire il suo bozzetto.

FRANCESCA Ecco, benissimo!

A Giulietta:

Vedi? quello che penso io.

SIGNORA NELLI Ma sarà certo così! Se è uscita con la scatola dei colori, non c'è da stare in pensiero. Si spiega.

GIULIETTA No, ecco, per questo non si spiegherebbe, scusi. Chi esce da tre giorni quasi all'alba, vuol dire che s'è proposto di ritrarre... non so, certi effetti di prima luce che, avanzando il giorno, non si possono più avere.

SIGNORA NELLI Ah, è pittrice anche la Giulietta?

GIULIETTA No, che pittrice, per carità!

FRANCESCA Non dia retta; se n'intende anche lei. Ah,
quella che è istruzione, signora mia, m'è piaciuta assai, a me, sempre! Non l'ho potuta avere io; ma le
mie figliuole, per grazia di Dio, i meglio professori!
Francese, inglese, la musica.... E Laura, che ci aveva
la disposizione, anche la pittura, col professor Dal-
buono, che lei lo sa, rinomatissimo! Giulietta non la
volle studiare, ma –

SIGNORA NELLI (*compiendo la frase*) – stando accanto
alla sorella –

FRANCESCA – ecco, già!

*A Giulietta, che s'allontana, scrollando le spalle ur-
tata:*

Che cos'è?

SIGNORA NELLI (*fingendo di non capire la mortificazione
della ragazza per la goffaggine della mamma*) Via, signorina, non stia così in pensiero! Lei dice bene; ma
scusi, non potrebbe essere venuto in mente a Laura
di cominciare lì per lì qualche altro studio?

GIULIETTA (*freddamente, concedendo per cortesia*) È
probabile, sì.

SIGNORA NELLI Se ha ripreso a dipingere coll'antico
fervore...

GIULIETTA No, che! Non ha più nessun fervore,
Laura.

FRANCESCA Ma quando si prende marito, sfido! Queste sono cose, come si dice? adorni, ecco, adorni, signora mia, per le ragazze. Non le pare? Però mio genero li vuole, sa! Bisogna dire la verità! La spinge
lui, mio genero.

SIGNORA NELLI E fa bene! Ah, certo. Fa benissimo.
Sarebbe un vero peccato che Laura, dopo tante belle
prove...

GIULIETTA Non lo fa mica per questo, mio cognato.

Forse, se Laura vedesse in suo marito una certa passione per la sua arte... Ma sa che la spinge a riprendere la tavolozza, come la spingerebbe... che so? a qualunque altra occupazione...

FRANCESCA E ti par male? Bisogna pur darsi un'occupazione. Signora mia, quando si è cresciute, come le mie due figliuole, negli agi... Sa qual è il vero guajo qua? Che mancano i figliuoli!

SIGNORA NELLI Ah! per carità, signora, non li chiami! Se sapesse quanto invidio Laura, io! Ha sposato due anni prima di me, Laura: sono già sette anni, è vero? E io, in cinque, già tre...

FRANCESCA Eh! ma scusi! ma perché lei, volendola dire, si vede che ci s'è buttata proprio a corpo perduto!

SIGNORA NELLI (*ridendo, con finto orrore*) No! Che! Povera me! Sono venuti...

FRANCESCA Io dico uno! Uno, almeno, creda, ci vuole!

SIGNORA NELLI Mi sembra che vivano così bene d'accordo Laura e suo marito...

FRANCESCA Ah, sì, per questo...

Si china verso la signora Nelli e le confida piano all'orecchio:

Troppo anzi, signora mia! troppo! troppo!

SIGNORA NELLI (*piano, restando, ma un po' anche sorridente*) Come, troppo?

FRANCESCA Ma sì, perché... sa com'è? nei primi tempi, quando marito e moglie, giovani, si vogliono bene, se s'affaccia il pensiero d'un figliuolo, l'uomo specialmente si... si...

Fa un gesto espressivo con le mani, contraendo le dita davanti al petto e tirandosi indietro col busto, come per dire: si arruffa mi spiego? perché teme di non poter più avere tutta per sé la mogliettina.

SIGNORA NELLI Eh! lo so... Poi passa un anno, ne passano due, tre... Lo desidera dunque il signor Banti, il figliuolo?

FRANCESCA No, Laura! Lo desidera Laura! Tanto! Giorgio dice che lo desidera per lei.

GIULIETTA E naturalmente, allora, Laura, lo desidera per sé!

FRANCESCA Ma che dici? Perché dici così? Vuoi far credere alla signora qua, che Laura non sia contenta di suo marito?

GIULIETTA Ma no, mammà! Io non ho detto questo. Quando passano, non tre, ma cinque, ma sette anni!

FRANCESCA Tu non capisci niente! La donna, signora mia, dopo tanti anni, se non si hanno figliuoli, sa che cosa fa? Si guasta. Glielo dico io! E anche l'uomo si guasta. Si guastano tutti e due. Per forza!

Accenna a Giulietta:

Non posso parlare. Ma è proprio tutto il contrario di quello che immagina questa ragazza. Perché l'uomo perde l'idea di vedere domani nella propria moglie la madre, e... e... e... con lei mi sono spiegata, è vero?

SIGNORA NELLI Sì, capisco, capisco.

FRANCESCA Queste benedette ragazze! Chi sa come sognano la vita!

GIULIETTA Oh! Dio mio, mammà! Sai bene che non sogno affatto, io!

FRANCESCA Già, non sogna, lei! E credi che sia bello non sognare? Non le posso soffrire, signora mia, queste ragazze d'oggi, con tutta quest'aria così... così...

SIGNORA NELLI *(suggerendo con un sorriso)* Fanée.

FRANCESCA Come ha detto?

SIGNORA NELLI *Fanée.*

FRANCESCA Già, così!

GIULIETTA (*con dispetto*) È la moda.

FRANCESCA Io non so il francese, ma so che codesta moda non mi piace per nientissimo affatto.

SCENA SECONDA

DETTE *e* CAMERIERA.

CAMERIERA (*accorrendo in grande agitazione dall'uscio comune*) Signora! Signora!

FRANCESCA Che cos'è?

CAMERIERA Oh Dio! La signora Laura! Venga! venga!

FRANCESCA Mia figlia?

Balza in piedi.

SIGNORA NELLI (*alzandosi anche lei*) Oh Dio, ch'è stato?

CAMERIERA La portano su, ferita!

FRANCESCA Ferita? Come! Laura?

GIULIETTA (*con un grido, accorrendo per l'uscio in fondo*) Lo dicevo io!

FRANCESCA (*accorrendo anche lei*) Figlia mia! Figlia!

SCENA TERZA

DETTE, LAURA, *il* DELEGATO, *il* CAMERIERE, *il* PORTIERE, *due* GUARDIE.

Laura, sostenuta dal Delegato e dal cameriere, si presenta sulla soglia, cascante, come disfatta, con gli abiti e i capelli in disordine. Nel pallore cadaverico, le fa sangue il labbro. Ha, lungo il collo, aspri, sanguinosi strappi. Il portiere reca in mano il cappello della signora, la scatola dei colori. Le due guardie si tengono presso l'uscio.

FRANCESCA (*che s'è lanciata per accorrere con le altre, dapprima indietreggia spaventata, all'apparizione della figlia in quello stato: poi con un grido, andandole incontro*) Ah! Laura! Che t'hanno fatto? Laura mia!

LAURA (*buttandosi al collo della madre, in preda a un convulso crescente, di ribrezzo e di disperazione*) Mamma... mamma... mamma...

FRANCESCA Sei ferita? Dove? Dove?

GIULIETTA (*cercando d'abbracciare anche lei la sorella*) Laura! Laura mia! Che hai? che hai?

SIGNORA NELLI Ma come è stato? chi è stato?

FRANCESCA Chi t'ha ferita? Figlia! figlia mia! Dove sei ferita?

GIULIETTA (*portando una seggiola e gridando*) Qua, mammà...

FRANCESCA Dove? dove?

GIULIETTA No, dico, falla sedere! Vedi? non si regge.

FRANCESCA Ah sì, siedi, figlia, siedi... Ma chi è stato l'assassino? Chi...

Non può seguitare a parlare, perché Laura, cascando a sedere senza staccarsi dal collo di lei, la obbliga a piegarsi.

GIULIETTA Chi è stato?

Al Delegato, forte:

Lo dica lei, chi è stato?

IL DELEGATO (*con imbarazzo, guardando la signora Nelli, come per farsi intendere*) La... la signora è stata vittima d'una... di una... aggressione, ecco.

SIGNORA NELLI (*con un grido soffocato*) Ah!

GIULIETTA (*inginocchiandosi e facendo per cingere con le braccia la sorella*) Oh, Laura... di', di'... come?

LAURA (*staccando le braccia dal collo della madre e respingendo per impulso istintivo, ma pur con angoscioso affetto, la sorella*) No... tu no, Giulietta... Va', tu... va'... va'...

GIULIETTA (*a sedere sui ginocchi, tirandosi indietro, smarrita*) Perché?

FRANCESCA (*intuendo, alzando le mani e sbarrando gli occhi*) Questo?... – Ah Dio mio!... – Questo?

Alla signora Nelli, facendole cenno di condurre di là Giulietta:

Signora...

Poi, chinandosi su Laura:

Ma come? Figlia mia...

Di nuovo, alla signora Nelli:

Signora, per carità...

SIGNORA NELLI (*a Giulietta*) Venga... venga, cara. Andiamo di là...

GIULIETTA Ma perché?

Poi guarda il Delegato; capisce che deve andare; scoppia in singhiozzi su la spalla della signora Nelli che la conduce via per l'uscio in fondo.

LAURA (*mostrando il collo alla madre*) Guarda... guarda...

FRANCESCA Ma chi è stato? Chi?

LAURA (*non può parlare; il convulso è giunto al colmo; tre volte, fra il tremore spaventoso di tutto il corpo, storcendosi le mani per l'onta, per lo schifo, grida quasi a scatti*) Un bruto... un bruto... un bruto...

E rompe in un pianto che pare un nitrito, balzante dalle viscere contratte.

FRANCESCA Figlia mia!

*Si precipita su lei, e sentendola mancare, la solleva
con l'ajuto della cameriera.*

Portiamola di là!

Poi, conducendola verso l'uscio a sinistra:

Un medico, presto! Il dottor Romeri!
IL CAMERIERE   È già avvertito, signora.
IL PORTIERE   L'ho chiamato al telefono...

*Francesca, Laura, la cameriera via per l'uscio a
sinistra*

SCENA QUARTA
DETTI, *il* DOTTOR ROMERI, *poi* GIORGIO BANTI,
ARTURO NELLI, *la* SIGNORA NELLI.

IL CAMERIERE   (*al Delegato*) L'hanno preso?

Il Delegato non risponde; apre le braccia.

IL PORTIERE   Ma dove è stato?

Entra dall'uscio in fondo in fretta il dottor Romeri.

IL CAMERIERE   Ah, ecco qua il signor dottore!
ROMERI   Dov'è? dov'è?
IL CAMERIERE   Ecco, di qua, signor dottore, venga!

*Indica l'uscio a sinistra. Si odono intanto dall'inter-
no le voci di Giorgio Banti e di Arturo Nelli che
chiamano: – Dottore... Dottore... – Il dottor Romeri si ferma: si volta. Sopraggiungono Giorgio Banti, pallido, scontraffatto; l'avvocato Nelli, la signora
Nelli.*

GIORGIO   È ferita? È ferita?

ROMERI   Sto arrivando adesso io.

GIORGIO   Venga, venga!

Corre per l'uscio a sinistra, seguito dal dottor Romeri.

SCENA QUINTA

DETTI, *meno* GIORGIO *e* ROMERI.

SIGNORA NELLI   (*al Delegato*) Ma com'è stato?

NELLI   (*al cameriere, al portiere*) Andate, andate di là, voi! Signor Delegato, queste guardie...

IL DELEGATO   (*alle guardie*) Potete ritirarvi.

Le due guardie salutano e vanno via col cameriere e col portiere.

SCENA SESTA

NELLI, *la* SIGNORA NELLI, *il* DELEGATO.

NELLI   Un'aggressione?

IL DELEGATO   Già. A Villa Giulia, pare.

SIGNORA NELLI   Vi s'era recata a dipingere.

IL DELEGATO   Io non so bene ancora. Sono stato incaricato delle prime indagini.

SIGNORA NELLI   Vi andava da tre giorni.

NELLI   Sempre allo stesso posto?

SIGNORA NELLI   Pare! L'ha detto Giulietta. Ogni mattina, alle sei.

NELLI   Ma come mai? sola?

IL DELEGATO   Un guardiano della villa la trovò per terra –

SIGNORA NELLI   – svenuta? –

IL DELEGATO – dice che non dava segni di vita. Pare che abbia sentito prima i gridi della signora.

SIGNORA NELLI Ma come? E non è accorso?

IL DELEGATO Dice ch'era troppo lontano. La villa è sempre deserta.

NELLI Ma che pazzia! Andar così sola!

SIGNORA NELLI Ecco là la scatola dei colori...

Gli altri due si voltano e restano con lei a guardare quella scatola con quell'impressione che si prova davanti a un oggetto che è stato testimonio d'un dramma recente.

IL DELEGATO Già, e il cappello...

Pausa.

Furono trovati dal guardiano a molta distanza dal posto dove la signora giaceva.

NELLI Ah! Ma, dunque...

IL DELEGATO Evidentemente la signora avrà tentato di fuggire.

SIGNORA NELLI Inseguita?

IL DELEGATO Non so! Una cosa incredibile! Fu trovata riversa tra le spine d'una siepe di rovi.

SIGNORA NELLI *(stringendosi in sé, per orrore)* Ah! forse voleva saltare...

IL DELEGATO Forse. Ma ghermita lì...

SIGNORA NELLI Era tutta strappata! Il collo, la bocca... Una pietà!

NELLI *(tentennando il capo, con amara irrisione)* Tra le spine...

IL DELEGATO Un villanzone. Pare che lo abbia visto, il guardiano.

NELLI *(con ansia)* Ah sì?

IL DELEGATO Sissignore. Buttarsi di là dalla siepe. Un

villanzone, un giovinastro. Ma invece d'inseguirlo, come avrebbe dovuto, pensò di soccorrere la signora, e...

S'interrompe, voltandosi verso l'uscio a sinistra, donde vengono voci concitate.

SCENA SETTIMA
DETTI, GIORGIO, *il* DOTTOR ROMERI, FRANCESCA, *poi* GIULIETTA.

ROMERI (*dall'interno*) E io le dico di no! Scusi! La prego...

FRANCESCA (*dall'interno*) Per carità, Giorgio! per carità!

GIORGIO (*venendo fuori dall'uscio a sinistra, sconvolto, tra i singhiozzi, ad altissima voce*) Ma io ho pur diritto di sapere! Debbo, voglio sapere!

ROMERI (*forte anche lui*) Saprà, perdio, ma a suo tempo!

GIORGIO No: ora! ora!

ROMERI Io le dico che per ora lei non solo non deve farla parlare, ma neppur farsi vedere.

Agli altri.

Lo tengano qua!

Ritorna indietro per l'uscio a sinistra.

NELLI Vieni, Giorgio...

E come Giorgio, convulso, gli appoggia il capo e le mani sul petto, rompendo in pianto:

Povero amico! povero amico mio...

FRANCESCA (*alla signora Nelli*) La prego, signora, mi faccia la grazia d'accompagnarmi a casa la Giulietta.

SIGNORA NELLI   Sì, signora, non dubiti! Vuole subito?

FRANCESCA   Sì, per carità! Le dica che io resto ancora qua... finché posso... Dio mio, è già sera, e bisogna che attenda a quel poverino di mio marito... lei sa in quale stato!

SIGNORA NELLI   Eh, lo so... Se potessi io...

FRANCESCA   No, che! la ringrazio. Non si lascia toccare da nessuno... Ma eccola là, Giulietta...

Giulietta si mostra piangente all'uscio di fondo. Francesca chiamandola con la mano:

Tu andrai via con la signora. Io verrò appena mi sarà possibile.

GIULIETTA   Ma Laura?

FRANCESCA   Laura è di là!

GIULIETTA   E non posso neanche vederla?

FRANCESCA   Che vuoi vedere! Bisogna che stia tranquilla per ora. Va', va' da quel poverino di tuo padre... Ma non dirgli nulla, per carità!

GIULIETTA   Ma... ma che cos'è, che cos'è?

FRANCESCA   Non è niente! non è niente! Signora, se la porti via.

SIGNORA NELLI   Sì. Andiamo, signorina.

GIULIETTA   (*risolutamente, avvicinandosi al cognato*) Giorgio, me lo dici tu che non è niente?

GIORGIO   Io?

GIULIETTA   Lo voglio sapere da te!

GIORGIO   Io... che vuoi che ti dica io? Io non so... non so...

FRANCESCA   Ma vai, santa figliuola! Mi fai stare qua... Va', va' con la signora!

Via per l'uscio a sinistra.

SIGNORA NELLI   (*conducendosi via Giulietta*) Andiamo, cara, andiamo.

Via per l'uscio in fondo con Giulietta.

SCENA OTTAVA
NELLI, GIORGIO, *il* DELEGATO.

GIORGIO   (*al Delegato, investendolo*) Che sa lei? Mi dica, che sa? Bisogna averlo, darlo, darlo in mano a me, subito! Perché, per un delitto come questo, se lo prendono.

A Nelli:

di' tu... quanto?... due, tre anni di carcere, è vero?

Al Delegato:

Mentre io ho il diritto d'ucciderlo! Lo sa lei?

IL DELEGATO   Io non so nulla, signore. Sono qua per le indagini.

NELLI   Ma se non c'è nulla da sapere!

GIORGIO   Come non c'è nulla da sapere?

NELLI   Nulla, nulla da sapere! nulla da indagare! Basta così, perdio!

GIORGIO   Come, basta?

NELLI   Ma sì! Ti dico che basta! La signora ha patito un'aggressione in una villa; il ladro...

GIORGIO   Il ladro?

NELLI   Ma sì, il ladro... un miserabile qualunque, non s'è potuto rintracciare: e basta: finisce tutto così! Che c'è da far chiasso ancora?

GIORGIO   Ah no, caro mio! T'inganni!

IL DELEGATO   Io ho avuto un ordine. Il reato è d'ordine pubblico.

NELLI   Vuol dire che mi recherò io in pretura, o passerò dal Commissario. Lei se ne può andare: dia ascolto a me!

GIORGIO   No! no! E io? Finisce per gli altri, così! Ma io?

NELLI   Tu? Che vorresti fare? Ti figuri che, se pure lo prendono, te lo daranno in mano, perché tu l'uccida? Baje! E allora? L'hai detto tu stesso. Sissignori, per un delitto che tu, offeso, potresti punire con la morte e non avresti un giorno di pena, la legge non dà che due o tre anni di carcere! Vuoi questo? E lo scandalo d'un dibattimento? La pubblicazione della sentenza sui giornali? Ma via!

Al Delegato:

Vada, vada, signor Delegato.

IL DELEGATO   Io per me, tanto più che il medico ha detto di non farla parlare per ora, posso ritirarmi.

NELLI   Sì, sì; non dubiti, passerò io dal Commissario.

IL DELEGATO   Riverisco.

Il Delegato s'inchina e via per l'uscio in fondo.

SCENA NONA
GIORGIO *e* NELLI.

NELLI   È un destino, perdio! A un bisogno, questa gente manca sempre! S'ostina poi a restarti tra i piedi dov'è superflua e non serve ormai che a far più danno!

GIORGIO   Ma che m'importa degli altri! Che vuoi che me n'importi?

NELLI   Oggi; lo so. Ma vedrai che te n'importerà domani.

GIORGIO   Prima di tutto, è inutile, perché ormai sanno tutti: qua, là dove l'hanno vista e raccolta... Ma quand'anche nessuno sapesse, se lo so io, non capisci che per me è finito tutto?

NELLI   Io capisco, Giorgio, l'orrore che tu devi provare in questo momento. Ma bisogna che tu lo vinca
con la compassione che deve ispirarti quella poverina!

GIORGIO   Tu parli a me di compassione?

NELLI   Non vorresti averne?

GIORGIO   Io sono il marito! Potete averla voi, la compassione, e chiunque sappia di questo scempio. Ma
sono io, io solo, veramente in presenza dell'orrore di
questo scempio, che non è stato fatto a lei sola, ma
anche a me! E in nessun altro, più che in me – neppure in lei – può essere più vivo e più atroce, questo
orrore!

NELLI   Sì, sì, t'intendo, Giorgio, t'intendo! È crudele,
sì. Ma che vorresti fare?

GIORGIO   Non lo so... non lo so... Impazzisco... Compassione, tu dici? Sai quale sarebbe la compassione
v e r a in questo momento per me? Che mi recassi là,
sul letto di lei e p e r q u e s t o m i o s t e s s o a m o r e
la uccidessi, innocente.

NELLI   Ma è irragionevole, scusa!

GIORGIO   Vuoi che ragioni?

NELLI   Devi pur ragionare!

GIORGIO   Lo so, lo so: tu devi dirmi così, lo so! Ma se
il caso fosse capitato a te? Ragioneresti tu?

NELLI   Ma sì che ragionerei! Se qui non c'è colpa,
scusa!

GIORGIO   E appunto questa è per me la crudeltà! Che
ci sia l'offesa più brutale, senza esserci la colpa! Per
me è peggio! Peggio, sì! Ci fosse la colpa, sarebbe offeso l'onore; potrei vendicarmi! È offeso invece l'a-
more! E non intendi che niente è più crudele per il
mio amore, che quest'obbligo che gli è fatto, di avere pietà?

NELLI   Ma il tuo amore appunto, scusa, dovrebbe ispirare a te stesso la compassione!

GIORGIO   Impossibile! L'amore, no!

NELLI Ma sarebbe allora più crudele –

GIORGIO (*interrompendo*) – più crudele, sì! –

NELLI (*seguitando*) – di ciò che quella poverina ha patito! –

GIORGIO – sì, sì! È proprio così! Il non aver compassione sarebbe crudele per lei; ma averne, è crudele per me! E quanto più tu ragioni, e quanto più io riconosco che sono giuste le tue ragioni, tanto più cresce la crudeltà per me! Debbo ragionare, già! Riconoscere che non c'è colpa; che lei è stata offesa più di me, nel suo stesso corpo, e che è là che soffre della violenza, dell'onta, del ludibrio... E io che voglio? Che pretendo io? Rincarar la dose della crudeltà su lei? lasciarla così in quest'onta? disprezzarla? –

NELLI – sarebbe ingeneroso! –

GIORGIO – sarebbe vile! –

NELLI – vedi? Lo riconosci! –

GIORGIO – vile, sì, vile! Ma se si rivela così vile l'amore quando si trova, come mi trovo io adesso, qua, al limite della sua più viva gelosia, che posso farci io? che posso farci?

> *Rompe in disperati singhiozzi.*

NELLI Via, via, Giorgio... Tu ti strazi inutilmente... È il primo momento, credi...

GIORGIO No! È la selva! È ancora la selva! È sempre la selva originaria! Ma prima almeno c'era l'orrore sacro di quel mostruoso originario, nella natura, nel bruto... Ora, una villa coi suoi viali e le siepi e i sedili... Una signora, in cappellino, che vi sta a dipingere, seduta... Ed ecco il bruto. Ma vestito, oh! Decente. Mi par di vederlo! Chi sa se non aveva i guanti! Ma no: l'ha tutta sgraffiata! Non senti quanto è più laido? quanto è più vile? E io che devo esser generoso; mentre qua il sentimento mi rugge come una belva... Generoso.

Subito, troncando lo scherno.

No, no. Sento che non posso. Non posso. Ho bisogno d'andarmene. Parto. Me ne vado.

NELLI   Ma come? ma dove? che dici! Vorresti davvero lasciarla così?

GIORGIO   Sarei più crudele, restando.

NELLI   Ma che vuoi fare? dove vuoi andare?

GIORGIO   Ho bisogno di disperdere, fuggendo come un pazzo, quello che ora provo per questa ignominia!

SCENA DECIMA
DETTI, *la* SIGNORA FRANCESCA, *il* DOTTOR ROMERI.

FRANCESCA   (*accorrendo ansiosa, seguita dal dottor Romeri, dall'uscio a sinistra*) Giorgio... Giorgio...

Raffrenando a un tratto l'ansia alla vista della sovreccitazione del genero.

Che cos'è?... Ah, figliuolo mio... sì... povero figliuolo mio... sì... sì...

GIORGIO   Per carità, non mi s'accosti! non mi dica nulla!

ROMERI   Signora, dia ascolto a me... Vede?

GIORGIO   Lei comprende, dottore?

ROMERI   Ma sì: comprendo che lei in questo momento...

FRANCESCA   Ma se lo chiama di là! Se non fa altro che chieder di lui!

GIORGIO   (*con orrore, ritraendosi*) Non posso... ah, non posso, non posso, non posso.

ROMERI   Vede? Le farebbe più male, signora: creda a me! Ha bisogno anche lui d'aspettare un po'...

GIORGIO   Che vuole che aspetti più, io!

ROMERI   Eh, un po' di tempo...

GIORGIO   (*con scherno*) E la rassegnazione?

FRANCESCA Perché, la rassegnazione? Ma dunque, tu...

NELLI Lasci, signora! Bisogna considerare anche lui...

FRANCESCA Sì, figliuolo mio, io ti considero, e come! Ma l'unico rimedio a quello che soffrite –

GIORGIO – è la pietà! Anche lei! Ma tutti, si sa! La pietà! –

FRANCESCA – l'uno dell'altra, sì, subito. Così l'intendo io, che sono una povera ignorante! Non la rassegnazione a un male che non c'è!

GIORGIO Come non c'è?

FRANCESCA Non c'è! non c'è! E lo deve dire il vostro amore che non c'è! Se tu ami davvero la mia figliuola! Se no, che ami tu? Che ami? Non è vero? Dica lei, signor dottore! Dica, avvocato!

GIORGIO (*prorompendo di nuovo in pianto, stringendosi in sé, con le mani premute sul volto*) Io l'amavo... io l'amavo... tanto, tanto... Ma appunto perché l'amavo tanto. Voi non capite! Può essere per quella che amavo, la pietà! Ma non più, ora...

FRANCESCA Non l'ami più, ora? E perché?

GIORGIO Ma se volete che ne abbia pietà! Quale pietà? Quale? La vostra, la mia, possono ajutarmi? Io ho bisogno d'essere crudele! Lei crede perché non amo sua figlia? No, sa! Appunto perché l'amo!

FRANCESCA Non è vero! Non è vero! Tu non ami lei così!

GIORGIO Ma vuole che il mio amore sia come il suo? Il fatto è forse per lei quello stesso che è per me? Quello che sento io non può sentirlo lei!

FRANCESCA Va bene! Ma come, come vorresti essere crudele?

GIORGIO Come? L'ho detto come! E se lei di là sentisse quello che sento io, dovrebbe esserne contenta.

FRANCESCA Ma lei di là ti chiama! Che pensi di fare?

GIORGIO Non penso nulla! Ma bisogna che me ne vada, che me ne vada!

FRANCESCA   E vuoi abbandonarla così?

ROMERI   Ma sì, è meglio, signora! Lo lasci andare!

FRANCESCA   Ma può restar sola, così, di là, se sa che lui se n'è andato?

ROMERI   Rimanga qua lei.

NELLI   Ecco... sarebbe opportuno...

FRANCESCA   E chi glielo dirà? Tu che hai il cuore di farlo, dovresti anche avere il cuore di dirglielo!

GIORGIO   (*risolutamente*) Vuole che glielo dica io?

ROMERI   No, per carità, signora!

FRANCESCA   Ma dunque lei capisce che può morirne, la mia figliuola, a vedersi abbandonata così, in questo momento, da colui che dovrebbe starle più vicino, se avesse un po' di cuore?

ROMERI   No, no, non è questo, signora!

NELLI   Se non riesce a vincere se stesso in questo primo momento...

GIORGIO   Per me è finita! È finita! Sento che per me è finita! Posso avere la pietà di restare. Ma come resto? Non lo capite? Per gli altri, ecco! Resto. Ma sarà peggio.

NELLI   No, no! Vedrai, Giorgio...

GIORGIO   Che vuoi che veda!

NELLI   Vedrai... Non voglio dirti nulla, perché capisco che ogni parola è per te una ferita in questo momento. Senta, signora: lei ha da badare a suo marito? Vada.

FRANCESCA   Ma come?

NELLI   Vada; dia ascolto a me, e stia tranquilla. Giorgio rimane.

GIORGIO   Per gli altri! per gli altri!

NELLI   Va bene, sì, per gli altri!

Alla signora Francesca, facendole segni e occhiate d'intelligenza per significarle che è meglio che marito e moglie restino soli.

Ora andrà a rivestirsi, e passerà la sera con me.

FRANCESCA E Laura?

ROMERI La signora ha bisogno di esser lasciata tranquilla. Vada lei a dirle che ho obbligato io il signor Banti a tenersi lontano.

FRANCESCA Ma sola, impazzirà!

ROMERI No, signora. Vedrà che riposerà col rimedio che le ho dato per calmare l'agitazione. Forse a quest'ora riposa. Vada, vada a vedere.

FRANCESCA Ecco, sì, vado, vado...

Francesca via per l'uscio a sinistra.

SCENA UNDECIMA
DETTI, *meno* FRANCESCA.

ROMERI E vado via anch'io.

Appressandosi e stringendo le mani a Giorgio:

Mi raccomando. Bisogna sempre esser più forti della sciagura che ci colpisce.

GIORGIO Questa è peggiore per me d'una morte. Ma se l'immagina, dottore, lei ancora viva, domani, davanti a me?

SCENA DODICESIMA
DETTI *e* FRANCESCA

FRANCESCA (*sopravvenendo lieta dall'uscio a sinistra, col cappello di nuovo in capo*) Sì, sì, riposa, riposa veramente.

ROMERI Gliel'ho detto io?

FRANCESCA E allora vado, sì! Non posso farne a meno. Sarò qui domattina.

Si appressa a Giorgio.

Addio, Giorgio. E... non ti dico... non ti dico nulla, figliuolo mio...

GIORGIO   A rivederla.

NELLI   Vengo anch'io con lei, signora.

A Giorgio:

Vuoi che passi a riprenderti?

GIORGIO   No, no... Passerò io, se mai, da te.

NELLI   Quando vuoi. Sono a casa. A rivederci.

Alla signora Francesca e al dottore:

Andiamo, andiamo...

Via con gli altri due per l'uscio in fondo.

SCENA TREDICESIMA
GIORGIO *solo, poi il* CAMERIERE, *in fine* LAURA.

GIORGIO   (*rimane un pezzo assorto nella sua sciagura, esprimendo con la contrazione del volto i sentimenti in contrasto. Poi sorge in piedi, si passa le mani sulla fronte, si volta verso l'uscio a sinistra e ripete*) Non posso... non posso...

Suona il campanello elettrico e compare il cameriere.

Di' ad Antonio che tenga pronta la macchina. Andremo in villa.

IL CAMERIERE   Il signore... solo?

GIORGIO   Solo, sì, subito. Tu preparami intanto la valigia.

Il cameriere, via. Giorgio fa per ritirarsi, quando Laura appare sull'uscio a sinistra, pallida, in una vestaglia violacea, con un velo nero al collo. Giorgio, appena la vede, leva le mani come a parare la pietà che gl'ispira, e ha in gola un lamento, che è come un ruglio breve, cupo; d'esasperazione e di spasimo. Laura lo guarda e gli s'appressa, lenta, senza dir nulla, ma esprimendo col volto il bisogno che ha di lui, di stringersi a lui; e nel suo avanzarsi, la certezza ch'egli non fuggirà. Giorgio, come se la vede vicina, rompe in un pianto convulso e cecamente, in quel pianto, l'abbraccia. Ella non muove un braccio: ma è lì, sua. Solo alza il volto come in uno stiramento di tragica aspettazione, ch'egli cancelli comunque, con la morte o con l'amore, l'onta che la uccide. E come egli, preso già dall'ebbrezza della persona di lei, sempre singhiozzando, le cerca con la bocca le ferite nel collo ancora proteso, piega la guancia appassionatamente sul capo di lui, con gli occhi chiusi.

Tela

ATTO SECONDO

Spiazzo innanzi alla villa Banti a Monteporzio. La villa si erge a sinistra, con vestibolo a loggiato. In fondo, e a destra, è tutto alberato. Autunno.

SCENA PRIMA
LAURA *e il* GIARDINIERE FILIPPO.

Laura è su una sedia a sdrajo, pallida, un po' molle d'un languore ardente d'inesausta passione; presta ascolto con interesse e, insieme, con un certo turba-

mento che vorrebbe dissimulare, a ciò che le dice il
vecchio giardiniere, il quale le sta presso, in piedi,
con un sacchetto a tracolla, un fascetto di ramoscelli
sotto il braccio e l'innestatojo in mano.

FILIPPO   Eh, ma l'arte ci vuole! Se non ci hai l'arte, signora, tu vai per dar vita a una pianta, e la pianta ti
muore.

LAURA   Perché può anche morirne, la pianta?

FILIPPO   E come! Si sa! Tu tagli – a croce, mettiamo –
a forca – a zeppa – a zampogna – c'è tanti modi
d'innestare! – applichi la buccia o la gemma, cacci
dentro uno di questi talli qua;

   mostra uno dei ramoscelli che tiene sotto il braccio

leghi bene; impiastri o impeci – a seconda –; credi
d'aver fatto l'innesto; aspetti... – che aspetti? hai uc-
ciso la pianta. – Ci vuol l'arte, ci vuole! Ah, forse
perché è l'opera d'un villano? d'un villano che, Dio
liberi, se con la sua manaccia ti tocca, ti fa male? Ma
questa manaccia... Ecco qua.

Va a prendere un grosso vaso da cui sorge una pianta
frondosa, e la reca presso Laura.

Qua c'è una pianta. Tu la guardi: è bella, sì; te la godi, ma per vista soltanto: frutto non te ne dà! Vengo
io, villano, con le mie manacce; ed ecco, vedi?

comincia a sfrondarla, per fare l'innesto; parla e agi-
sce, prendendosi tutto il tempo che bisognerà per
compire l'azione

pare che in un momento t'abbia distrutto la pianta:
ho strappato; ora taglio, ecco; taglio – taglio – e ora
incido – aspetta un poco – e senza che tu ne sappia

niente, ti faccio dare il frutto. – Che ho fatto? Ho preso una gemma da un'altra pianta e l'ho innestata qua. – È agosto? – A primavera ventura tu avrai il frutto. – E sai come si chiama quest'innesto?

LAURA (*sorride, triste*) Non so.

FILIPPO A occhio chiuso. Questo è l'innesto a occhio chiuso, che si fa d'agosto. Perché c'è poi quello a occhio aperto, che si fa di maggio, quando la gemma può subito sbocciare.

LAURA (*con infinita tristezza*) Ma la pianta?

FILIPPO Ah, la pianta, per sé, bisogna che sia in succhio, signora! Questo, sempre. Ché se non è in succhio, l'innesto non lega!

LAURA In succhio? Non capisco.

FILIPPO Eh, sì, in succhio. Vuol dire... come sarebbe?... in amore, ecco! Che voglia... che voglia il frutto che per sé non può dare!

LAURA (*interessandosi vivamente*) L'amore di farlo suo, questo frutto? del suo amore?

FILIPPO Delle sue radici che debbono nutrirlo; dei suoi rami che debbono portarlo.

LAURA Del suo amore, del suo amore! Senza saper più nulla, senza più nessun ricordo donde quella gemma le sia venuta, la fa sua, la fa del suo amore?

FILIPPO Ecco, così! così!

Si sente da lontano, a destra, la voce di Zena, che chiama: «Filippo! Filippo!»

Ah, ecco la Zena col suo figliuolo. Vado ad aprirle!

Corre via, tra gli alberi, a destra.

LAURA (*resta assorta; poi si alza, s'appressa alla pianta or ora innestata, e mette il capo fra le sue fronde, ripetendo tra sé, lentamente, con angoscia d'intenso disperato desiderio*) Del suo amore... del suo amore...

SCENA SECONDA

DETTI *e la* ZENA

FILIPPO   (*dall'interno*) E vieni avanti! che paura hai?

Rientra in iscena per la destra seguito dalla Zena, che veste a modo delle contadine della campagna romana.

Eccola qua. Si vergogna, scioccona.

ZENA   No. Che m'ho da vergognare? Buon giorno, signora.

LAURA   Buon giorno.

La guarda, forzandosi a dissimulare la disillusione.

Ah, sei tu la Zena?

ZENA   Io, signora, sì. Eccomi qua.

FILIPPO   Vedi come s'è fatta brutta e vecchia?

LAURA   No, perché?

ZENA   Siamo poveretti, signora.

FILIPPO   Quanti anni hai? Non devi averne più di venticinque!

ZENA   Tu mi guardi, signora? Eh, tu che non sai, hai forse ragione di meravigliarti. Ma tu, brutto vecchiaccio, che fai il signore qua in villa e sei tutto storto lì, che vuoi mettere? le fatiche tue con le mie?

FILIPPO   Oh! oh! Gran fatiche, sì!

ZENA   E cinque figliuoli, signora, chi li ha fatti? Li ha fatti lui?

FILIPPO   (*accorgendosi soltanto ora*) E come? Sei venuta senza il ragazzo? T'avevo detto di portarlo con te, ché la signora voleva conoscerlo.

ZENA   Non l'ho portato, signora.

LAURA   Perché non l'hai portato?

ZENA   Ma... perché mi lavora il ragazzo, col padre.

FILIPPO   E non potevi chiamarlo un momento?

ZENA   Già, davanti al padre, per dirgli che la signora lo voleva qua?

FILIPPO   E che c'era di male?

ZENA   Dopo le chiacchiere che ci sono state?

FILIPPO   Ma va' là! Vuoi che tuo marito pensi ancora a quelle chiacchiere?

ZENA   Non ci pensa, se qualcuno non ce lo fa pensare. – Ma poi che c'entra il ragazzo qua? – Tu che volevi dal ragazzo, signora? – Noi non n'abbiamo più parlato, da allora.

LAURA   Lo so, lo so, Zena. T'ho fatto chiamare perché volevo io, ora, parlare con te. Da sola.

ZENA   E di che?

LAURA   Tu va', Filippo; va' per le tue faccende.

FILIPPO   Vado, sì, signora. Ma la Zena, in coscienza – lasciamelo dire per il male che le voglio – la Zena... – io sono vecchio e so tutto, di quando lei era qua coi padroni antichi, che aveva appena sedici anni e il signorino non ne aveva neanche venti – non fu mai lei a parlare!

ZENA   Ecco! La verità, signora!

FILIPPO   Fu la madre, fu la madre.

ZENA   Ma nessuno ci pensa più, adesso! Neppure mia madre!

LAURA   Lo so, ti dico! Non è per questo, Zena. – Vai, vai Filippo.

FILIPPO   Ecco, ecco, me ne vado, sì. – Scusami, signora, se ho parlato. Me ne vado.

Via per la sinistra.

SCENA TERZA
LAURA *e la* ZENA.

ZENA   (*subito risentita*) È forse venuto qualcuno a mia insaputa, signora, a parlarti di quel ragazzo?

LAURA   No, Zena: nessuno, t'assicuro.

ZENA   Signora, dimmelo! Perché una parola ebbi allora, quando avrei potuto approfittarmene, se non
avessi avuto coscienza – io sola, sai? contro tutti! – e
una parola ho anche adesso.

LAURA   Ma no, no, non è venuto nessuno: stai tranquilla. È venuto in mente a me. Così. Perché mi sono ricordata che, prima di sposare, mi fu detto che
mio marito qua, in villa, da giovane...

ZENA   Ma che vai pensando più, signora!

LAURA   Aspetta. Io voglio sapere. Voglio parlare con
te, Zena. Siedi, qua, accanto a me.

Indica uno sgabello.

ZENA   (*sedendo, impacciata*) Ma sai che mi pare tu voglia parlarmi d'un altro mondo, ormai, signora?

LAURA   Sì, perché tu eri tanto ragazza, allora.

ZENA   Oh, una ragazzaccia senza testa! E non ero mica così...

LAURA   Me l'immagino. Dovevi esser bella.

ZENA   Bruttaccia non ero.

LAURA   Ed eri già fidanzata, è vero?

ZENA   Sissignora. Con questo che ora è mio marito.

LAURA   Ah!

ZENA   (*con gli occhi bassi, alza un po' le spalle e sospira*)
Eh, signora, che vuoi?

Breve pausa.

LAURA   (*quasi con timidezza*) E lui lo sapeva?

ZENA   (*impronta, ma senza impudicizia*) Chi? Il signorino?

LAURA   Sì; che eri fidanzata?

ZENA   Sissignora, come non lo sapeva? Ma era un ragazzo anche lui, il signorino.

LAURA   Sì, ma dimmi...

ZENA   Signora, sono una poveretta; ma credi che se

male feci allora, lo feci soltanto a me, e non volli che
ne fosse fatto ad altri senza ragione!

LAURA Ti credo, Zena; lo so. Ma dimmi: ecco, io voglio sapere. «Senza ragione», hai detto. Ne eri proprio, dunque, così sicura tu?

ZENA Di che? Che il ragazzo non era del signorino?

LAURA Ecco, sì. Perché, tu sai, tante volte... avresti
potuto tu stessa essere in dubbio.

ZENA (*la guarda, sorpresa, scontrosa; poi si alza*) Perché
mi fai codesto discorso, signora?

LAURA No. Perché ti turbi? Siedi, siedi...

ZENA No, non seggo più.

LAURA Vorrei saperlo perché... perché sarei... sarei
contenta che tu mi dicessi...

ZENA (*la guarda, di nuovo, sorpresa, scontrosa*) Che il
ragazzo era del signorino?

LAURA Tu non hai nessun dubbio?

ZENA (*séguita a guardarla male, poi, come per richiamar-
la a sé*) Signora...

LAURA (*ansiosa*) Di' di'...

ZENA Tu dovresti esser contenta, mi pare, di quello
che ho sempre detto!

LAURA Se ne sei proprio sicura...

ZENA (*c. s.*) Bada, signora, che la povertà è cattiva
consigliera.

LAURA Ma no: perché io anzi, ora, alla tua coscienza
mi rivolgo, Zena!

ZENA La mia coscienza, lasciala stare. Parlò allora, la
mia coscienza, e disse quello che doveva dire.

LAURA Proprio la tua coscienza? Ecco, vorrei saper
questo! O non forse per timore...

ZENA (*ride, quasi con ischerno*) Ma sai che tu mi stai
parlando adesso, come mi parlò mia madre, allora,
quando s'accorse del signorino? Proprio così mi disse: ragazza... inesperta... se non avevo almeno qualche dubbio... se non negavo per timore...

LAURA Anche tua madre, vedi?

ZENA   Ma di mia madre lo capisco. Il male me l'ero già
fatto, con quell'altro.

LAURA   Col tuo fidanzato?

ZENA   Sì. E già lo sapeva, lui, il mio fidanzato, che sarei stata madre. Ma tu perché, signora, adesso, dopo
nove anni, mi vieni a riparlare di quel ragazzo?

LAURA   Perché... perché so, ecco... so che tuo marito
pretese molto danaro, allora, per sposarti.

ZENA   Ah, per questo? Ma si sa, signora! Non era povero per niente... Mia madre lo mise su, facendo sapere a tutti del signorino. Non mi voleva più sposare, pur sapendo bene che il figliuolo era suo. C'era
da spillar danaro, qua, dai signori; e se ne volle anche lui approfittare. E bada che se ora viene a sapere
che a te piacerebbe

la guarda in un modo ambiguo e provocante

— chi sa perché... — che io avessi ancora qualche
dubbio...

LAURA   Ah! Tu mi fai pentire d'aver voluto parlare
con te a cuore aperto, per uno scrupolo che non puoi
neanche intendere!

ZENA   E chi sa? forse t'intendo, signora; non ti pentire!

LAURA   Che cosa intendi?

ZENA   Eh, siamo furbi noi contadini! Vedo che ti piacerebbe che tuo marito avesse avuto un figlio con
me. Ebbene, io ti dico questo soltanto: che *io* contadina, il figlio lo diedi a chi ne era il padre *vero*. —
Ah, eccolo qua, il signorino...

Si trae indietro, a testa bassa.

SCENA QUARTA
GIORGIO *e* DETTI.

Laura, appena vede entrare Giorgio, balza in piedi

tutta fremente e corre ad aggrapparsi a lui in una crisi di pianto.

LAURA   Giorgio! Giorgio! Ah Giorgio mio!

GIORGIO   (*soprappreso, premuroso, non badando a Zena*) Ebbene? Che cos'è?

LAURA   Niente... niente...

GIORGIO   Ma tu piangi?

LAURA   Niente... no...

GIORGIO   Come no? Che è stato?

LAURA   Niente, ti dico... Così! La sorpresa... Non t'aspettavo così presto di ritorno...

ZENA   Io me ne vado, signora. Addio, eh?

LAURA   Sì, sì, va', puoi andare, Zena!

Zena, via per la destra.

SCENA QUINTA
LAURA *e* GIORGIO.

GIORGIO   (*sorpreso, addolorato*) Ma come? tu parlavi con... Che forse è venuta a dirti qualche cosa?

LAURA   (*subito, negando con forza*) No, no! Ma che! Nulla! Non ci pensa più!

GIORGIO   E perché è venuta qua, allora?

LAURA   No, non è venuta lei; l'ho fatta chiamare io.

GIORGIO   Tu? E perché?

LAURA   Per un capriccio... per una curiosità...

GIORGIO   Hai fatto male, Laura! Non dovevi farlo.

LAURA   Ne parlò Filippo... così, per caso... E mi venne desiderio di conoscerla, ecco, e di conoscere anche il ragazzo. Ma non l'ha portato! Come l'ho veduta...

GIORGIO   Ti ha detto forse...

LAURA   No, niente! Sai pure che negò sempre!

GIORGIO   Sfido! Volevano fare un ricatto!

LAURA   Lei, no! La madre. Me lo disse, difatti.

GIORGIO   Ma tu perché, allora, hai pianto?

LAURA   Non per lei! non per lei! È stato... te l'ho detto... non so perché, appena t'ho visto all'improvviso... È per quello che io sento, Giorgio... E vedi che rido, ora, poiché tu sei qua di nuovo, con me...

GIORGIO   Hai pur detto tu stessa che non m'aspettavi così presto di ritorno...

LAURA   Sì, è vero. Ma ho tanto sofferto, sai? a restar sola! Ho bisogno di te, tanto! Che tu mi tenga così, stretta così, senza più staccarti da me, mai, mai!

GIORGIO   Ma io sono andato per te, Laura mia...

LAURA   Lo so, sì, è vero!

GIORGIO   Vedi come sono fredde queste tue manine? T'ho portato da ricoprirti bene. Siamo scappati qua tutt'a un tratto. È volato più d'un mese. È venuto il freddo...

LAURA   Ma staremo qua ancora! Sarà più bello, ora, qua, soli soli... Tu non hai paura del freddo, è vero?

GIORGIO   No, cara.

LAURA   Non devi aver paura con me...

GIORGIO   Ma io ho avuto paura di te, cara!

LAURA   Non dirmi «cara» così!

GIORGIO   Come vuoi che ti dica?

LAURA   Laura... come sai dirlo tu.

GIORGIO   Ebbene, Laura...

LAURA   Così! Mi piace guardarti le labbra quando stacchi le sillabe.

GIORGIO   Perché? Come le stacco?

LAURA   Non so... Così...

GIORGIO   Laura mia...

LAURA   Tua, tua, sì! Ah, non puoi immaginarti come, ora! E pure vorrei ancora di più! Ma non so come!

GIORGIO   Ancora di più?

LAURA   Sì, ancora più tua – ma non è possibile! Tu lo sai, è vero? lo sai che di più non è possibile?

GIORGIO   Sì, Laura.

LAURA   Lo sai? Di più, si morirebbe. Eppure ne vorrei morire.

GIORGIO   No! Che dici?

LAURA   Per me dico; per non esser più io... non so, una cosa che senta ancora minimamente di vivere per sé... ma una cosa tua, che tu possa fare più tua, tutta del tuo amore, del tuo amore, intendi? tutta in te, così, del tuo amore, come sono!

GIORGIO   Sì, sì, come sei! come sei!

LAURA   Tu lo senti, è vero? lo senti che sono così, tutta del tuo amore? e che non ho per me più niente, niente, né un pensiero, né un ricordo per me, di nulla più... tutta, assolutamente tua, per te, del tuo amore?

GIORGIO   Sì, sì!

Laura, che ha proferito le parole precedenti con la più immedesimata intensità, che è quasi il succhio della pianta di cui le ha parlato il giardiniere, si fa pallidissima, sorridendo d'un sorriso che vanisce nella beatitudine d'un deliquio, e gli appoggia la fronte sul petto.

Laura!

LAURA   Ah?

GIORGIO   Oh Dio! Laura! Che hai?

LAURA   Nulla... nulla...

Sorride, levando il volto.

Vedi? Nulla.

GIORGIO   Ma ti sei fatta pallida!

LAURA   No; non è niente.

GIORGIO   Sei tutta fredda! Siedi, siedi!

LAURA   Ma no... Non mi dare ajuto... Tu non capisci...

GIORGIO   Che cosa?

LAURA   Che è così... che è così...

GIORGIO   Che cosa è così?

LAURA   Che io sono tutta del tuo amore – così!

GIORGIO   Ma sì, siedi... siedi qua...

LAURA   L'ho toccata qua sul tuo petto... per un attimo, congiunta...

GIORGIO   Che cosa?

LAURA   Sì, col tuo amore e col mio, congiunta, sul tuo petto per un attimo – la vita.

GIORGIO   Ma che dici?

LAURA   (*ha un brivido violento che la scuote tutta e di nuovo la costringe ad aggrapparsi a lui*) Oh Dio!

GIORGIO   (*sorreggendola*) Ma tu ti fai male! Che hai?... Che hai?...

LAURA   Niente. Un po' di freddo. Un po' di smarrimento.

GIORGIO   È troppo, vedi! Ti sei troppo...

LAURA   (*subito, con ardore quasi eroico*) Sì, ma voglio così!

GIORGIO   No, così è male! No.

Le prende il volto fra le mani.

Tu sei il mio amore; ma io non voglio, non voglio che tu ne abbia male!

LAURA   (*bevendo la dolcezza delle parole di lui*) No?

GIORGIO   No, non voglio! Vedi? I tuoi occhi...

S'interrompe vedendosi guardato in un modo che gli fa perdere la voce.

LAURA   (*seguitando a guardarlo, quasi provocante*) Di'... parla, parla...

GIORGIO   (*ebbro*) Dio mio, Laura...

LAURA   (*ridendo, gaja*) I miei occhi? Ma guarda, guarda... Non vedi che ci sei tu?

GIORGIO   Lo vedo. Ma tu ridi...

LAURA   No, no, non rido più!

GIORGIO   È per te, bada!

LAURA   Sì. Basta. Siamo buoni, ora! Siedi, siedi qua anche tu: ti faccio posto!

Nella sedia a sdrajo.

GIORGIO   No, siedo qua allora!

Indica lo sgabello.

LAURA   (*si alza dalla sedia a sdrajo*) No, qua... e io, così.

Gli siede sulle ginocchia.

GIORGIO   Sì, sì.

LAURA   No, buoni! Di', sei passato dalla mamma?

GIORGIO   Sì, ma non l'ho trovata.

LAURA   Non hai veduto neanche Giulietta?

GIORGIO   Era uscita con la mamma.

LAURA   E non t'hanno detto nulla a casa?

GIORGIO   No, nulla. Perché?

LAURA   Perché ho telefonato di qua alla mamma.

GIORGIO   Tu? Stamattina?

LAURA   Sì.

GIORGIO   Per me? Volevi forse qualche cosa?

LAURA   No. Mi sono sentita un po' male.

GIORGIO   Ah sì? Quando?

LAURA   Poco dopo che sei andato via tu. Quando mi sono levata. Ma nulla, sai? È passato!

GIORGIO   Che ti sei sentita?

LAURA   Nulla, ti dico. Non so. Mi son sentita mancare, appena mi sono alzata. Un momento, sai? Ecco, come dianzi!

GIORGIO   E hai telefonato alla mamma per il medico?

LAURA   No! Che medico! Per te. Per dire a te, che tornassi presto. La mamma mi rispose, che avrebbe fatto venire il dottor Romeri con te.

GIORGIO   Ma non m'ha detto niente nessuno!

LAURA   Meglio così! È stata una pensata della mamma. Io mi sono opposta. Le ho ripetuto dieci volte che non ce n'era bisogno! Ma sai com'è la mamma? Ho paura che ce la vedremo spuntare da un momento all'altro, qua, col dottor Romeri.

GIORGIO   E sarà bene! Così vedrà...

LAURA   Ma no! Che vuoi che veda! Io avevo bisogno che tornassi tu presto! Sei tornato. Basta.

GIORGIO   Ma forse il medico...

LAURA   Che vuoi che mi faccia il medico? Bada: se viene, non mi faccio neanche vedere!

GIORGIO   Ma perché?

LAURA   Perché no! Non mi faccio vedere. O se no, guarda: gli parlo così

eseguendo

con la faccia nascosta sotto la tua giacca. E gli dico...

GIORGIO   (*sorridendo*) Che è per causa mia?

LAURA   (*dopo una pausa, in ascolto sul petto di lui*) Aspetta!

GIORGIO   Che fai?

LAURA   Un battito forte, lento; un battito piccolo piccolo, lesto, esile...

GIORGIO   Che dici!

LAURA   Il cuore e l'orologio!

GIORGIO   Bella scoperta!

LAURA   Possibile che misurino lo stesso tempo? Il mio cuore batte certo più del tuo! Oh! Dio, no! Che brutto cuore!

GIORGIO   (*ridendo*) Brutto? Perché?

LAURA   Non te l'avevo mai sentito battere, il cuore! Ma sai come ti batte, placido, forte, lento...

GIORGIO   E come vuoi che batta?

LAURA   Come? Se io sapessi che tu ascolti il mio, sarebbe un precipizio! Mentre il tuo, niente: non si commuove!

GIORGIO   Sfido! Parli del medico che non vuoi vedere...

LAURA   No; invece parlavo del medico a cui volevo accusarti!

GIORGIO   Già! Ma con la faccia nascosta! Perché tu sai bene che non sono io!

Non ha finito di proferir queste parole, che si turba vivamente, come se esse, rispetto al male di cui Laura soffre, d'improvviso abbiano acquistato un valore davanti a lui, altro da quello ch'egli intendeva dar loro.

LAURA   Non sei tu? Come non sei tu?

GIORGIO   (*con sempre crescente turbamento*) No, io...

LAURA   (*levandosi dalle ginocchia di lui*) Giorgio, che pensi?

GIORGIO   (*con sempre crescente turbamento, alzandosi*) Oh Dio, nulla...

Poi, cupo:

Tu credi che il dottor Romeri debba venire?

LAURA   Non so... Ma perché?

GIORGIO   Perché è bene che venga! Voglio che venga!

LAURA   Ma, Dio mio, Giorgio, io ho scherzato...

GIORGIO   Lo so, lo so!

LAURA   Vuoi che possa accusarti, se non per ischerzo?

GIORGIO   Ma no, Laura: non è per questo!

LAURA   E che cos'è allora?

GIORGIO   Ma... se tu stai male...

LAURA   No! no! io non ho niente! io ho te! Ecco: te - e non ho nient'altro, che non mi venga da te! - Se godo, se soffro, se muoio - sei tu! Perché io sono tutta così, come tu mi vuoi, come io mi voglio, tua. E basta! Tu lo vedi, tu lo sai!

GIORGIO   Sì, sì...

LAURA   E dunque – basta! Che male vuoi che abbia?

Si sente di nuovo vacillare.

Dio... vedi?

GIORGIO   Di nuovo?

LAURA   No... È un po' di stanchezza... Sorreggimi...

SCENA SESTA
DETTI, FILIPPO, *poi la* SIGNORA FRANCESCA, *infine*
GIORGIO *e* ROMERI.

FILIPPO   (*di corsa, da destra*) Signora! signora! Viene la mamma con un altro signore!

Via.

GIORGIO   Ah! Ecco il medico.

LAURA   No, no! Giorgio! non voglio vederlo!

GIORGIO   E io voglio invece che tu lo veda!

Si avvia verso il fondo per andare incontro al dottore.

LAURA   No... no... Vai, vai. Portalo su in villa, di là! Io non mi faccio vedere.

FRANCESCA   (*entrando*) Buon giorno, Giorgio.

GIORGIO   (*per uscire in fretta*) Buon giorno. Il dottore?

FRANCESCA   Eccolo!

LAURA   No, per carità! Di là, Giorgio! Portatelo via di là!

Giorgio via.

SCENA SETTIMA

LAURA *e* FRANCESCA.

FRANCESCA (*stordita*) Ma che cos'è?

LAURA (*eccitata*) Ah! non dovevi, mamma, non dovevi!

FRANCESCA Che cosa?

LAURA Portare quel medico! Hai fatto male, male! Un male incalcolabile, mamma!

FRANCESCA Ma perché? Mi hai telefonato, che t'eri sentita male...

LAURA Io non ho nulla! non ho nulla!

FRANCESCA Bene! tanto meglio!

LAURA Ma che meglio! Che vuoi che intenda, che sappia, che rimedio vuoi che abbia, un medico, per quello che io sento, per quello che io soffro, e che non voglio, non voglio, capisci? che sia un male, e che con la presenza di quel medico che hai portato acquisti per lui un'immagine di male! Ancora di quel male che mi fu fatto!

FRANCESCA Non vuoi? Ma che forse...? Che dici, Laura? Oh Dio... Che forse, tu?

LAURA (*convulsa, afferrando la madre*) Sì, sì, mamma! Sì!

FRANCESCA Ah, Dio! E lui? tuo marito? lo sa?

LAURA Ma è appunto questo il male che tu hai fatto, mamma!

FRANCESCA Io?

LAURA Sì! Ch'egli lo sappia, che egli lo pensi ora, come un male a cui si possa portar rimedio: un rimedio più odioso del male.

FRANCESCA Ma se dici che è...

LAURA Non è! non è! E io lo so bene che non è! Lo sento!

FRANCESCA Come? Che senti? Io ho paura che tu, figliuola mia, sii troppo esaltata e che...

LAURA Ti pare che vaneggi? No! Non posso spiegartelo con la ragione, ma l'ho saputo, qua, ora, mamma, che è così! E non può essere che così!

FRANCESCA   Che cosa, figlia mia? Io non ti capisco!

LAURA   Questo! Questo ch'io sento. La ragione non lo sa; forse non può ammetterlo. Ma lo sa la natura, che è così! Il corpo, lo sa! Una pianta – qua, una di queste piante! Sa che non potrebbe essere senza che ci sia amore! Me lo hanno spiegato or ora. Neanche una pianta potrebbe, se non è in amore! Vedi com'è? Non sono esaltata! No, mamma. Io so questo: che in me, in questo mio povero corpo – quando fu – in questa mia povera carne straziata, mamma, doveva esserci amore. E per chi? Se amore c'era, non poteva essere che per lui, per mio marito.

Con gesto di vittoria, quasi allegra:

E allora!

FRANCESCA   Che dici? Ah, questo è un nuovo martirio, figliuola mia! Ne sei certa? proprio certa?

LAURA   Sì. Ma è così! è così! È per forza così!

FRANCESCA   Ma lui, dimmi un po', tuo marito, lo sa?

LAURA   Credo che già lo sappia. Ma ora, là, con quel medico... Ah! proprio questo, vedi, non doveva avvenire! Che egli lo sapesse così!

FRANCESCA   Ma se già lo sa, figlia mia!

LAURA   Volevo che sentisse anche lui, naturalmente, quello che io sento! E che s'unisse a me, s'immedesimasse in me, fino a sentirlo, ecco, e volerlo in me, con me, quello che io sento e voglio!

FRANCESCA   Oh Dio! Ho paura, figliuola mia, che...

LAURA   (*subito, interrompendo*) Zitta!... Eccoli... Andiamo, andiamo su!

Si trascina via la madre.

Non voglio farmi vedere, non voglio farmi vedere!

GIORGIO   (*chiamando dal fondo*) Laura... Laura...

LAURA   No, Giorgio! T'ho detto no! Vieni, mamma!

Via con la madre.

SCENA OTTAVA
GIORGIO *e il* DOTTOR ROMERI

GIORGIO Venga, dottore.

ROMERI Eccomi, eccomi.

GIORGIO (*seguitando con calma grave e contenuta il suo discorso col dottore*) Mi piegai allora; mi vinsi, come dovevo. Era una sciagura! Forse anche a lei, dottore, la mia violenza –

ROMERI (*interrompendo*) – no; io per me –

GIORGIO – se non a lei, poté parer troppa ad altri, che non erano in grado di sentire in quel punto come me.

ROMERI Ciascuno sente a suo modo!

GIORGIO Ma fu, del resto, in quello stesso primo momento una violenza anche per me. Tanto vero, che appena la vidi, dottore, appena ella mi venne davanti, la mia violenza cadde di colpo, e io la raccolsi tra le braccia, non per dovere di pietà, no, ma perché dovevo, dovevo per il mio stesso amore fare così. E le giuro che non ci ho più pensato, nemmeno una volta. Siamo stati un mese qua, insieme, come due nuovi sposi.

Cambiando tono ed espressione.

Ma ora, ora, dottore, se è vero questo...

ROMERI Eh, comprendo...

GIORGIO Passar sopra a uno scempio, sì, l'ho fatto. Ma oltre, no!

ROMERI Speriamo ancora che non sia!

GIORGIO Non lo so. Ma lo temo! Se fosse... lei mi comprende?

ROMERI Comprendo, comprendo!

GIORGIO E allora vada, la prego. E glielo dica, se mai:

lento, spiccato, quasi sillabando

io non potrei transigere. Vada. Aspetto qua.

Tela

ATTO TERZO

Una sala della villa. Uscio in fondo. Uscio laterale a destra. Finestra a sinistra. Immediatamente dopo il secondo atto.

SCENA PRIMA
Il DOTTOR ROMERI, *la* SIGNORA FRANCESCA.

Al levarsi della tela il dottor Romeri è solo, presso l'uscio a destra in attesa. Poco dopo, l'uscio s'apre ed entra la signora Francesca.

FRANCESCA   Non vuole! dice che non vuole, dottore: assolutamente!

ROMERI   Ma sa che il marito lo desidera?

FRANCESCA   Gliel'ho detto. Se n'è irritata di più.

ROMERI   Ma perché?

FRANCESCA   Anche con me stamattina, del resto, quando le dissi per telefono che avrei portato lei qua in villa.

ROMERI   È curioso!

FRANCESCA   Dice che non ce n'è bisogno.

ROMERI   (*con lieta sorpresa, come alleggerito da un gran peso*) Ah! Non ce n'è bisogno?

FRANCESCA   E pare che lo abbia detto giù anche a Giorgio...

ROMERI   Ma tanto meglio, allora! Avvertiamone subito suo genero che sta in pensiero!

Fa per avviarsi.

FRANCESCA   Aspetti, dottore! Sta in pensiero Giorgio? Di che?

ROMERI   Ma... Lei lo comprende, signora!

FRANCESCA   Eh, se è per questo, temo purtroppo che non ci possa esser dubbio.

ROMERI   (*stordito, senza più raccapezzarsi*) Ah sì? E come?

FRANCESCA   Sì, dottore.

ROMERI   Ma allora?

FRANCESCA   S'è dunque affacciato a Giorgio il sospetto che...?

ROMERI   Dio mio, sì, signora!

FRANCESCA   Ma perché il sospetto?

ROMERI   Perché... perché, signora mia, può affacciarsi anche a lei... anche a me... a tutti...

FRANCESCA   Ma no, scusi: non c'è poi mica da stabilire una certezza!

ROMERI   Basta il dubbio, signora!

FRANCESCA   E se mia figlia non ne avesse?

ROMERI   Dica che non vorrebbe averne!

FRANCESCA   Precisamente. Non vuole, non vuole averne!

ROMERI   Eh! se si trattasse soltanto di volontà...

FRANCESCA   Ma dunque anche lei crede, dottore...?

ROMERI   Lasci star me. Sua figlia dovrebbe ispirare al marito la sua stessa certezza. Pare non ci sia riuscita. Il solo fatto, scusi, che gli ha nascosto finora il suo stato, dimostra, del resto – mi sembra – che quel sospetto si sia affacciato anche a lei.

FRANCESCA   No! Non ha nascosto niente! Il dubbio sul suo stato data da questa mattina soltanto!

ROMERI   E perché s'oppone allora, così, al desiderio del marito?

FRANCESCA   Ma perché per lei è naturale!

ROMERI   E vorrebbe che apparisse naturale anche a lui?

FRANCESCA   Ecco: proprio così!

ROMERI   Temo, signora, che la sua figliuola pretenda troppo.

FRANCESCA   No, non pretende, non pretende! È che non può ammettere...

ROMERI   Non vorrebbe, capisco.

FRANCESCA   E non le sembra naturale che non voglia? Le ripugna ammetterlo!

ROMERI   Capisco. Ma capisca anche lei, signora, che allo stesso modo ripugna al marito il dubbio, anche il più lontano. Tanto più che, lei lo sa, è avvalorato, questo dubbio, dal fatto che in sette anni di matrimonio non ha avuto figliuoli.

FRANCESCA   Sì, è vero! Dio mio! Dio mio!

ROMERI   Bisognerebbe che lei si provasse a farlo intendere alla sua figliuola.

FRANCESCA   Io?

ROMERI   Suo genero mi ha detto giù esplicitamente, che su questo punto non potrebbe transigere a nessun patto.

FRANCESCA   Ma, e lei, dottore?

ROMERI   Io... Sa lei, signora, che sono stato medico militare e che mi sono dimesso?

FRANCESCA   Sì, lo so.

ROMERI   Sa perché mi sono dimesso?

FRANCESCA   No.

ROMERI   Perché alla nostra professione son fatti doveri, a cui non si fanno corrispondere uguali diritti.

FRANCESCA   E che intende dire, dottore?

ROMERI   Intendo dire, signora, che mi trovai una volta – e mi bastò – davanti a un caso, in cui l'esercizio del mio dovere sentii che diventava addirittura mostruoso.

FRANCESCA Ma sì, sarebbe difatti mostruoso!

ROMERI No, signora, lei non intende in qual senso io lo dica. È proprio il contrario. Un soldato, in caserma – sono ormai tant'anni – in un accesso di furore, sparò contro un suo superiore; poi rivolse l'arma contro se stesso per uccidersi anche lui. Rimase ferito mortalmente. Ebbene, signora: di fronte a un caso come questo, nessuno pensa al medico a cui è fatto obbligo di curare, di salvare – se può – quel ferito; come se il medico fosse soltanto uno strumento della scienza e nient'altro; come se il medico non avesse poi per se stesso, come uomo, una coscienza per giudicare se – ad esempio – contro al dovere che gli è imposto di salvare, egli non abbia diritto di non farlo, o il diritto almeno di disporre poi della vita ch'egli ha restituito a un uomo che se l'era tolta per punirsi da sé con la maggiore delle punizioni: uccidendosi! Nossignori! il medico ha il dovere di salvare, contro la volontà patente, recisa, di quell'uomo. E poi? quando io gli ho restituita la vita? perché gliel'ho restituita? Per farlo uccidere, a freddo, da chi ha imposto a me un dovere che diventa infame, negandomi ogni diritto di coscienza sull'opera mia stessa! Questo, signora, per dirle che io ho riconosciuto sempre, e voglio riconoscere, nei casi della mia professione, di fronte ai doveri che mi sono imposti, anche i diritti che la mia coscienza reclama.

FRANCESCA E allora lei si presterebbe...?

ROMERI Sì, signora: senza la minima esitazione. Dato il caso – s'intende – che la signora volesse consentire.

SCENA SECONDA

DETTI *e* GIORGIO.

*Giorgio s'è presentato sull'uscio della sala durante le
ultime battute del dialogo ed è stato in ascolto.*

GIORGIO   (*facendosi avanti*) E che non vorrebbe forse
consentire?

FRANCESCA   No, no! Non sappiamo ancora, Giorgio!

GIORGIO   Ma dunque è sicuro?

ROMERI   Pare di sì.

GIORGIO   Come, e lei?

Allude a Laura.

ROMERI   Non l'ho ancora veduta.

FRANCESCA   (*per calmarlo, quasi supplichevole*) Forse
Laura crede...

GIORGIO   (*subito, interrompendola*) Crede? Che crede?
Se è sicura, come può ancora esitare? Io lo esigo!

ROMERI   (*scrollandosi, seccato, anzi sdegnato*) Ma no,
scusi!

GIORGIO   (*con forza, duramente*) Sì, lo esigo! Lo esigo!

ROMERI   (*fiero, reciso*) Lei non può esigerlo così!

GIORGIO   Come no? Posso ammettere che Laura esiti?

ROMERI   Ma deve dirlo lei, spontaneamente. Non mi
presterei io, né si presterebbe nessuno, altrimenti!

GIORGIO   Ma il mio stupore è questo, che lei non l'abbia già chiesto, non lo chieda subito!

FRANCESCA   Non è mica una cosa da nulla per una
donna, Giorgio! A te basta esigerlo!

GIORGIO   Come! Ma per se stessa, io dico, dovrebbe
chiederlo subito, a qualunque costo! Dovrebbe esser
nulla per lei, di fronte all'orrore d'un simile fatto!
Ma come? Crederebbe forse che io potrei sorpassare
ancora, cedere, chiudere gli occhi, accettare? Ah!
perdio! Ma dov'è? Dov'è?

Smaniando, fa per andare nella camera di Laura.

FRANCESCA (*cercando d'impedirglielo*) No, per carità, Giorgio!

ROMERI (*forte, con fermezza*) Non così! Non così!

GIORGIO (*alludendo a Laura*) Che dice? Posso sapere almeno che cosa dice? O vorrebbe forse darmi a intendere che il suo amore...

SCENA TERZA
LAURA *e* DETTI.

LAURA (*entrando dall'uscio a destra*) Che il mio amore... –?

Al suo apparire, alle sue parole restano tutti sospesi, interdetti.

Di', di'! Finisci!

GIORGIO Laura, io ho bisogno di saper subito che tu non ti opponi.

LAURA A che cosa?

FRANCESCA (*cercando d'interporsi*) Ma se non sa ancor nulla! Non le abbiamo ancora parlato!

GIORGIO Lasciatemi allora spiegare con lei, vi prego!

LAURA Sì, è meglio!

GIORGIO Attenda un po' di là, dottore.

LAURA (*subito, severamente*) E anche tu, mamma!

La signora Francesca e il dottor Romeri si ritirano per l'uscio in fondo.

SCENA QUARTA
LAURA *e* GIORGIO.

LAURA　Parlavi del mio amore, così, davanti –

GIORGIO　(*subito, compiendo la frase*) – davanti a tua madre e al dottore!

LAURA　Anche la madre, in questo caso, diventa un'estranea. Non dico quell'altro. Avevi l'aria di buttarmelo in faccia!

GIORGIO　Ma sì, perché non credo, non voglio credere, che tu ora possa, o voglia avvalertene!

LAURA　Dio! Giorgio, ma guardami! Tu non puoi più guardarmi?

GIORGIO　No! Se è vero questo, no! che tu possa pensare... Io voglio sapere – e subito, subito, senza tante parole – quello che tu vuoi fare!

LAURA　Che debbo fare? Dipende da te, Giorgio. Dal tuo animo.

GIORGIO　Come! E tu hai bisogno che te lo dica io, qual è il mio animo? Quale può essere? Non lo comprendi? Non lo vedi? Non lo senti?

LAURA　Sento che tu mi sei tutt'a un tratto nemico. Come... come se io...

GIORGIO　Dunque tu dici di no?

LAURA　(*abbattendosi a sedere, disperatamente, dice quasi tra sé*) Ah Dio! ah Dio! Non è valso dunque a nulla?

GIORGIO　(*la guarda, come sbalordito, un pezzo; poi*) Che cosa non è valso? Che dici? Voglio che tu mi risponda!

LAURA　Tu dunque ricordi solo una cosa? E dimentichi tutto?

GIORGIO　Ma che vuoi che pensi io in questo momento?

LAURA　Non puoi neanche pensare che per me è proprio tutto il contrario?

GIORGIO　Il contrario? che cosa?

LAURA　(*come assorta lontano, trucemente, con lentezza*) Ch'io non ho memoria, né immagine: nulla! Io non vidi! io non seppi nulla! Nulla, capisci?

GIORGIO　Sta bene. E poi?

LAURA　E poi...

S'interrompe in un silenzio opaco. Poi dice:

Niente. Se hai perduto tu, invece, la memoria di tutto.

GIORGIO Ah, del tuo amore, è vero? Ma è proprio così, dunque? Tu m'hai circondato del tuo amore, tu mi hai avviluppato nelle tue carezze, sperando ch'io credessi?

LAURA (*con un grido*) No!

Poi con nausea:

Ah!

GIORGIO E allora?

LAURA Non ho ragionato, io: io ho amato: io sono quasi morta d'amore per te; mi sono fatta tua come nessuna donna mai al mondo è stata d'un uomo; e tu lo sai; tu non hai certo potuto non sentirlo questo, che ho voluto averti tutto in me; che mi sono voluta tutta di te...

GIORGIO E con questo? con questo?

LAURA (*gridando*) Non ho ragionato, ti dico!

GIORGIO Ma che hai sperato?

LAURA Ma d'aver cancellato... d'aver distrutto...

GIORGIO Che cosa? Come?

LAURA Niente.

Alzandosi.

Tu hai ragione. È stata la mia follia.

GIORGIO Ma sì, una follia! Tu lo vedi bene!

LAURA Sì. E ne esco, ecco. Ne sono già uscita. Ma bada! Tu non puoi più parlarmi, ora, come si parla a una folle!

GIORGIO Ma io voglio appunto che tu ragioni, Laura!

LAURA (*freddissimamente*) E poi?

GIORGIO Ma che si faccia... pur troppo...

LAURA   Solo per un ragionamento, è vero? e dopo che
m'hai buttato in faccia con disprezzo, con orrore,
tutto ciò che t'ho dato di me? e che tu hai potuto
stimare un calcolo vile... un laido inganno... un espe-
diente...

GIORGIO   No, no, Laura! Ma se l'hai chiamata tu stessa
una follia?

LAURA   Ah, una follia, sì! E sperai che t'avessi sollevato con me nell'ardore di essa, qua, in mezzo alle
piante che pure la sanno, questa mia stessa follia! O
che tu almeno me lo chiedessi, come si chiede a una
povera folle un sacrifizio ch'essa non sa... della sua
stessa vita... e chi sa! avresti forse ottenuto quello
che volevi. Perché non puoi credere ch'io volessi salvare in me chi ancora non sento e non conosco. Io
l'amore volevo salvare! cancellare una sventura brutale, non brutalmente come tu vorresti...

GIORGIO   Ma come? come, in nome di Dio?

LAURA   Posso dirti come, se tu non l'intendi?

GIORGIO   Accettando la tua follia?

LAURA   (*con un grido di tutta l'anima*) Sì! Tutta me
stessa! Perché tu vedessi tutta me stessa tua, nel figlio tuo: tuo perché di tutto il mio amore per te!
Ecco, questo! questo volevo!

GIORGIO   (*ritraendosi, quasi inorridito*) Ah, no!

LAURA   Non è possibile: lo vedo.

GIORGIO   Come vuoi ch'io possa accettare?

LAURA   E lascia allora che accetti io, invece, la mia
sventura.

GIORGIO   Tu?

LAURA   Io sola, sì, tutta intera la mia sventura.

GIORGIO   Ah, dunque è detto? Tu ti rifiuti?

LAURA   Perché lo farei, se dopo tutto quello che ho
dato di me, non sono riuscita a cancellarla?

GIORGIO   Ah, no perdio! Tu non puoi! tu non devi!

LAURA   Perché non posso?

MARTELLATO

GIORGIO   Dopo quello che hai fatto?
LAURA   Che ho fatto?
GIORGIO   Dopo quello che hai voluto?
LAURA   Che ho voluto?

GIORGIO   (*con ferocia*) Il mio amore, dopo!

LAURA   (*con disprezzo*) Per nascondere, è vero?

GIORGIO   Ma sai che c'è di mezzo il mio nome?

LAURA   Ah, non temere. Avrò il coraggio che ebbe la Zena. Peccato ch'io non possa darlo – dopo l'inganno – al suo padre vero!

GIORGIO   Ma tu volevi darlo a me! E non è questo un inganno?

LAURA   Chiamalo inganno! Io so che era amore!

GIORGIO   Ti dico che tu non puoi!

LAURA   E che vorresti? Con la violenza?

Si fa all'uscio in fondo, e chiama:

Mamma! Mamma!

GIORGIO   (*inveendo*) Anche con la violenza, sì!

Accorrono dall'uscio in fondo in grande agitazione la signora Francesca e il dottor Romeri.

SCENA QUINTA
DETTI, *la* SIGNORA FRANCESCA, *il* DOTTOR ROMERI.

FRANCESCA   Laura! Che cos'è?

GIORGIO   (*al Romeri che lo trattiene*) Dottore, le dica che essendo mia moglie...

LAURA   Non sono più tua moglie! Mamma, io vengo con te!

GIORGIO   Ma non basta che tu te ne vada!

LAURA   (*fieramente*) Perché? Che ho io di te?

Giorgio casca a sedere, come schiantato. Lunghissima pausa.

Mamma, possiamo andare!

S'avvia con la madre.

GIORGIO (*balzando in piedi, con un grido d'esasperazione e di disperazione*) No... Laura... Laura...

Proferirà così due volte il nome di lei con due diversi sentimenti: d'angoscioso sgomento, prima, poi d'implorazione quasi irosa. Laura s'arresta. Lo guarda. Pausa. Giorgio si copre il volto con le mani e rompe in singhiozzi.

LAURA (*accorrendo a lui*) Giorgio, tu mi credi?

GIORGIO Non posso! Ma non voglio perdere il tuo amore!

LAURA (*con impeto di passione*) Ma a questo solo tu devi credere!

GIORGIO Come credere? A che?

LAURA (*c. s.*) Ma a ciò che io ho voluto, con tutta me stessa, per te, e che devi volere anche tu! È mai possibile che tu non ci creda?

Lo abbraccia, lo scuote.

GIORGIO Sì, sì... Nel tuo amore, credo.

LAURA (*quasi delirando*) E dunque, che vuoi di più, se credi nel mio amore? In me non c'è altro! Sei tu in me, e non c'è altro! Non c'è più altro! Non senti?

GIORGIO Sì, sì...

LAURA (*raggiante, felice*) Ah, ecco! Il mio amore! Ha vinto! Ha vinto! Il mio amore!

Tela

LA PATENTE
commedia in un atto

PERSONAGGI

Rosario Chiàrchiaro
Rosinella, *sua figlia*
Il giudice istruttore D'Andrea
Tre altri Giudici
Marranca, *usciere*

Stanza del giudice istruttore D'Andrea. Grande scaf-
fale che prende quasi tutta la parete di fondo, pieno di
scatole verdi a casellario, che si suppongono zeppe d'in-
cartamenti. Scrivania, sovraccarica di fascicoli, a destra,
in fondo; e, accanto, addossato alla parete di destra, un
altro palchetto. Un seggiolone di cuojo per il Giudice,
davanti la scrivania. Altre seggiole antiche. Lo stanzone
è squallido. La comune è nella parete di destra. A sini-
stra, un'ampia finestra, alta, con vetrata antica, scompar-
tita. Davanti alla finestra, come un quadricello alto, che
regge una grande gabbia. Lateralmente a sinistra, un
usciolino nascosto.

> *Il giudice d'Andrea entra per la comune col cap-*
> *pello in capo e il soprabito. Reca in mano una*
> *gabbiola poco più grossa d'un pugno. Va davanti*
> *alla gabbia grande sul quadricello, ne apre lo spor-*
> *tello, poi apre lo sportellino della gabbiola e fa*
> *passare da questa nella gabbia grande un cardellino.*

D'ANDREA   Via, dentro! – E su, pigrone! – Oh! finalmente... – Zitto adesso, al solito, e lasciami ammini-
strare la giustizia a questi poveri piccoli uomini fe-
roci.

> *Si leva il soprabito e lo appende insieme col cap-*
> *pello all'attaccapanni. Siede alla scrivania; prende*
> *il fascicolo del processo che deve istruire, lo scuote*
> *in aria con impazienza, sbuffa:*

Benedett'uomo!

*Resta un po' assorto a pensare, poi suona il campa-
nello e dalla comune si presenta l'usciere Marranca.*

MARRANCA   Comandi, signor cavaliere!

D'ANDREA   Ecco, Marranca: andate al vicolo del Forno,
qua vicino; a casa del Chiàrchiaro.

MARRANCA   (*con un balzo indietro, facendo le corna*)
Per amor di Dio, non lo nomini, signor cavaliere!

D'ANDREA   (*irritatissimo, dando un pugno sulla scrivania*) Basta, perdio! Vi proibisco di manifestare così,
davanti a me, la vostra bestialità, a danno d'un pover'uomo. E sia detto una volta per sempre.

MARRANCA   Mi scusi, signor cavaliere. L'ho detto anche
per il suo bene!

D'ANDREA   Ah, seguitate?

MARRANCA   Non parlo più. Che vuole che vada a fare
in casa di... di questo... di questo galantuomo?

D'ANDREA   Gli direte che il giudice istruttore ha da parlargli, e lo introdurrete subito da me.

MARRANCA   Subito, va bene, signor cavaliere. Ha altri
comandi?

D'ANDREA   Nient'altro. Andate.

*Marranca esce, tenendo la porta per dar passo ai
tre Giudici colleghi, che entrano con le toghe e i
tocchi in capo e scambiano i saluti col D'Andrea;
poi vanno tutti e tre a guardare il cardellino nella
gabbia.*

PRIMO GIUDICE   Che dice eh, questo signor cardellino?

SECONDO GIUDICE   Ma sai che sei davvero curioso con
codesto cardellino che ti porti appresso?

TERZO GIUDICE   Tutto il paese ti chiama: il Giudice
Cardello.

PRIMO GIUDICE   Dov'è, dov'è la gabbiolina con cui te
lo porti?

SECONDO GIUDICE   (*prendendola dalla scrivania a cui*

s'è accostato) Eccola qua! Signori miei, guardate: cose da bambini! Un uomo serio...

D'ANDREA Ah, io, cose da bambini, per codesta gabbio-
la? E voi, allora, parati così?

TERZO GIUDICE Ohé, ohé, rispettiamo la toga!

D'ANDREA Ma andate là, non scherziamo! siamo in *camera caritatis*. Ragazzo, giocavo coi miei compagni
'al tribunale'. Uno faceva da imputato; uno, da
presidente; poi, altri da giudici, da avvocati... Ci
avrete giocato anche voi. Vi assicuro, ch'eravamo più
serii allora!

PRIMO GIUDICE Eh, altro!

SECONDO GIUDICE Finiva sempre a legnate!

TERZO GIUDICE (*mostrando una vecchia cicatrice alla
fronte*) Ecco qua: cicatrice d'una pietrata che mi tirò
un avvocato difensore mentre fungevo da regio pro-
curatore!

D'ANDREA Tutto il bello era nella toga con cui ci para-
vamo. Nella toga era la grandezza, e dentro di essa
noi eravamo bambini. Ora è al contrario: noi, grandi,
e la toga, il giuoco di quand'eravamo bambini. Ci
vuole un gran coraggio a prenderla sul serio! Ecco
qua, signori miei,

*prende dalla scrivania il fascicolo del processo
Chiàrchiaro*

io debbo istruire questo processo. Niente di più iniquo di questo processo. Iniquo, perché include la
più spietata ingiustizia contro alla quale un pover'uomo tenta disperatamente di ribellarsi, senza nessuna
probabilità di scampo. C'è una vittima qua, che non
può prendersela con nessuno! Ha voluto, in questo
processo, prendersela con due, coi primi due che gli
sono capitati sotto mano, e – sissignori – la giustizia
deve dargli torto, torto, torto, senza remissione, ri-
badendo così, ferocemente, l'iniquità di cui questo
pover'uomo è vittima.

PRIMO GIUDICE   Ma che processo è?

D'ANDREA   Quello intentato da Rosario Chiàrchiaro.

*Subito, al nome, i tre Giudici, come già Marranca,
danno un balzo indietro, facendo scongiuri, atti di
spavento, e gridando:*

TUTTI E TRE   Per la Madonna Santissima! – Tocca ferro! – Ti vuoi star zitto?

D'ANDREA   Ecco, vedete? E dovreste proprio voi rendere giustizia a questo pover'uomo!

PRIMO GIUDICE   Ma che giustizia! È un pazzo!

D'ANDREA   Un disgraziato!

SECONDO GIUDICE   Sarà magari un disgraziato! ma scusa, è pure un pazzo! Ha sporto querela per diffamazione, contro il figlio del sindaco, nientemeno, e anche –

D'ANDREA   – contro l'assessore Fazio –

TERZO GIUDICE   – per diffamazione? –

PRIMO GIUDICE   – già, capisci? perché, dice, li sorprese nell'atto che facevano gli scongiuri al suo passaggio.

SECONDO GIUDICE   Ma che diffamazione se in tutto il paese, da almeno due anni, è diffusissima la sua fama di jettatore?

D'ANDREA   E innumerevoli testimonii possono venire in tribunale a giurare che in tante e tante occasioni ha dato segno di conoscere questa sua fama, ribellandosi con proteste violente!

PRIMO GIUDICE   Ah, vedi? Lo dici tu stesso!

SECONDO GIUDICE   Come condannare, in coscienza, il figliuolo del sindaco e l'assessore Fazio quali diffamatori per aver fatto, vedendolo passare, il gesto che da tempo sogliono fare apertamente tutti?

D'ANDREA   E primi fra tutti vojaltri?

TUTTI E TRE   Ma certo! – È terribile, sai? – Dio ne liberi e scampi!

D'ANDREA   E poi vi fate meraviglia, amici miei, ch'io mi porti qua il cardellino... Eppure, me lo porto – voi lo sapete – perché sono rimasto solo da un anno. Era di mia madre quel cardellino; e per me è il ricordo vivo di lei: non me ne so staccare. Gli parlo, imitando, così, col fischio, il suo verso, e lui mi risponde. Io non so che gli dico; ma lui, se mi risponde, è segno che coglie qualche senso nei suoni che gli faccio. Tale e quale come noi, amici miei, quando crediamo che la natura ci parli con la poesia dei suoi fiori, o con le stelle del cielo, mentre la natura forse non sa neppure che noi esistiamo.

PRIMO GIUDICE   Séguita, séguita, mio caro, con codesta filosofia, e vedrai come finirai contento!

Si sente picchiare alla comune, e, poco dopo, Marranca sporge il capo.

MARRANCA   Permesso?

D'ANDREA   Avanti, Marranca.

MARRANCA   Lui in casa non c'era, signor cavaliere. Ho lasciato detto a una delle figliuole che, appena arriva, lo mandino qua. È venuta intanto con me la minore delle figliuole: Rosinella. Se Vossignoria vuol riceverla...

D'ANDREA   Ma no: io voglio parlare con lui!

MARRANCA   Dice che vuol rivolgerle non so che preghiera, signor cavaliere. È tutta impaurita.

PRIMO GIUDICE   Noi ce n'andiamo. A rivederci, D'Andrea!

Scambio di saluti: e i tre Giudici vanno via.

D'ANDREA   Fate passare.

MARRANCA   Subito, signor cavaliere.

Via, anche lui. Rosinella, sui sedici anni, poveramente vestita, ma con una certa decenza, sporge il capo dalla comune, mostrando appena il volto dallo scialle nero di lana.

ROSINELLA   Permesso?

D'ANDREA   Avanti, avanti.

ROSINELLA   Serva di Vossignoria. Ah, Gesù mio, signor giudice, Vossignoria ha fatto chiamare mio padre? Che cosa è stato, signor giudice? Perché? Non abbiamo più sangue nelle vene, dallo spavento!

D'ANDREA   Calmatevi! Di che vi spaventate?

ROSINELLA   È che noi, Eccellenza, non abbiamo avuto mai da fare con la giustizia!

D'ANDREA   Vi fa tanto terrore, la giustizia?

ROSINELLA   Sissignore. Le dico, non abbiamo più sangue nelle vene! La mala gente, Eccellenza, ha da fare con la giustizia. Noi siamo quattro poveri disgraziati. E se anche la giustizia ora si mette contro di noi...

D'ANDREA   Ma no. Chi ve l'ha detto? State tranquilla. La giustizia non si mette contro di voi.

ROSINELLA   E perché allora Vossignoria ha fatto chiamare mio padre?

D'ANDREA   Perché vostro padre vuol mettersi lui contro la giustizia.

ROSINELLA   Mio padre? Che dice!

D'ANDREA   Non vi spaventate. Vedete che sorrido... Ma come? Non sapete che vostro padre s'è querelato contro il figlio del sindaco e l'assessore Fazio?

ROSINELLA   Mio padre? Nossignore! Non ne sappiamo nulla! Mio padre s'è querelato?

D'ANDREA   Ecco qua gli atti!

ROSINELLA   Dio mio! Dio mio! Non gli dia retta, signor giudice! È come impazzito mio padre: da più d'un mese! Non lavora più da un anno, capisce? perché l'hanno cacciato via, l'hanno gettato in mezzo a una strada; fustigato da tutti, sfuggito da tutto il paese come un appestato! Ah, s'è querelato? Contro il figlio del sindaco s'è querelato? È pazzo! È pazzo! Questa guerra infame che gli fanno tutti, con questa fama che gli hanno fatto, l'ha levato di cervello! Per carità, signor giudice: gliela faccia ritirare codesta querela! gliela faccia ritirare!

D'ANDREA   Ma sì, carina! Voglio proprio questo. E l'ho fatto chiamare per questo. Spero che ci riuscirò. Ma voi sapete: è molto più facile fare il male che il bene.

ROSINELLA   Come, Eccellenza! Per Vossignoria?

D'ANDREA   Anche per me. Perché il male, carina, si può fare a tutti e da tutti; il bene, solo a coloro che ne hanno bisogno.

ROSINELLA   E lei crede che mio padre non ne abbia bisogno?

D'ANDREA   Lo credo, lo credo. Ma è che questo bisogno d'aver fatto il bene, figliuola, rende spesso così nemici gli animi di coloro che si vorrebbero beneficare, che il beneficio diventa difficilissimo. Capite?

ROSINELLA   Nossignore, non capisco. Ma faccia di tutto Vossignoria! Per nojaltri non c'è più bene, non c'è più pace, in questo paese.

D'ANDREA   E non potreste andar via da questo paese?

ROSINELLA   Dove? Ah, Vossignoria non lo sa com'è! Ce la portiamo appresso, la fama, dovunque andiamo. Non si leva più, neppure col coltello. Ah se vedesse mio padre, come s'è ridotto! S'è fatto crescere la barba, una barbaccia, che pare un gufo... e s'è tagliato e cucito da sé un certo abito, Eccellenza, che quando se lo metterà, farà spaventare la gente, fuggire i cani finanche!

D'ANDREA   E perché?

ROSINELLA   Se lo sa lui perché! È come impazzito, le dico! Gliela faccia, gliela faccia ritirare la querela, per carità!

Si sente di nuovo picchiare alla comune.

D'ANDREA   Chi è? Avanti.

MARRANCA   (*tutto tremante*) Eccolo, signor cavaliere! Che... che debbo fare?

ROSINELLA   Mio padre?

Balza in piedi.

Dio! Dio! Non mi faccia trovare qua, Eccellenza, per carità!

D'ANDREA Perché? Che cos'è? Vi mangia, se vi trova qua?

ROSINELLA Nossignore. Ma non vuole che usciamo di casa. Dove mi nascondo?

D'ANDREA Ecco. Non temete.

Apre l'usciolino nascosto nella parete di sinistra.

Andate via di qua; poi girate per il corridojo e troverete l'uscita.

ROSINELLA Sissignore, grazie. Mi raccomando a Vossignoria! Serva sua.

*Via ranca ranca per l'usciolino a sinistra. D'Andrea
lo richiude.*

D'ANDREA Introducetelo.

MARRANCA (*tenendo aperto quanto più può la comune
per tenersi discosto*) Avanti, avanti... introducetevi...

*E come Chiàrchiaro entra, va via di furia. Rosario
Chiàrchiaro s'è combinata una faccia da jettatore
che è una meraviglia a vedere. S'è lasciato crescere
su le cave gote gialle una barbaccia ispida e cespu-
gliata; s'è insellato sul naso un pajo di grossi occhiali cerchiati d'osso che gli dànno l'aspetto d'un
barbagianni; ha poi indossato un abito lustro, sor-
cigno, che gli sgonfia da tutte le parti, e tiene una
canna d'India in mano col manico di corno. Entra
a passo di marcia funebre, battendo a terra la canna a ogni passo, e si para davanti al giudice.*

D'ANDREA (*con uno scatto violento d'irritazione, buttando via le carte del processo*) Ma fatemi il piacere!
Che storie son queste! Vergognatevi!

CHIÀRCHIARO (*senza scomporsi minimamente allo scatto del giudice, digrigna i denti gialli e dice sottovoce*)
Lei dunque non ci créde?

D'ANDREA   V'ho detto di farmi il piacere! Non facciamo scherzi, via, caro Chiàrchiaro! – Sedete, sedete qua!

Gli s'accosta e fa per posargli una mano sulla spalla.

CHIÀRCHIARO   (*subito, tirandosi indietro e fremendo*) Non mi s'accosti! Se ne guardi bene! Vuol perdere la vista degli occhi?

D'ANDREA   (*lo guarda freddamente, poi dice*) Seguitate... Quando sarete comodo... – Vi ho mandato a chiamare per il vostro bene. Là c'è una sedia: sedete.

CHIÀRCHIARO   (*prende la seggiola, siede, guarda il giudice, poi si mette a far rotolare con le mani su le gambe la canna d'India come un matterello e tentenna a lungo il capo. Alla fine mastica*) Per il mio bene... Per il mio bene, lei dice... Ha il coraggio di dire per il mio bene! E lei si figura di fare il mio bene, signor giudice, dicendo che non crede alla jettatura?

D'ANDREA   (*sedendo anche lui*) Volete che vi dica che ci credo? Vi dirò che ci credo! Va bene?

CHIÀRCHIARO   (*recisamente, col tono di chi non ammette scherzi*) Nossignore! Lei ci ha da credere sul serio, sul se-ri-o! Non solo, ma deve dimostrarlo istruendo il processo.

D'ANDREA   Ah, vedete: questo sarà un po' difficile.

CHIÀRCHIARO   (*alzandosi e facendo per avviarsi*) E allora me ne vado.

D'ANDREA   Eh, via! Sedete! V'ho detto di non fare stòrie!

CHIÀRCHIARO   Io, storie? Non mi cimenti; o ne farà una tale esperienza... – Si tocchi, si tocchi!

D'ANDREA   Ma io non mi tocco niente.

CHIÀRCHIARO   Si tocchi, le dico! Sono terribile, sa?

D'ANDREA   (*severo*) Basta, Chiàrchiaro! Non mi seccate. Sedete e vediamo d'intenderci. Vi ho fatto chiamare per dimostrarvi che la via che avete preso non è propriamente quella che possa condurvi a buon porto.

CHIÀRCHIARO   Signor giudice, io sono con le spalle al muro dentro un vicolo cieco. Di che porto, di che via mi parla?

D'ANDREA   Di questa per cui vi vedo incamminato e di quella là della querela che avete sporto. Già l'una e l'altra, scusate, sono tra loro così.

Infronta gl'indici delle due mani per significare che le due vie gli sembrano in contrasto.

CHIÀRCHIARO   Nossignore. Pare a lei, signor giudice.

D'ANDREA   Come no? Là nel processo, accusate come diffamatori due, perché vi credono jettatore; e ora qua vi presentate a me, parato così, in veste di jettatore, e pretendete anzi ch'io creda alla vostra jettatura.

CHIÀRCHIARO   Sissignore. Perfettamente.

D'ANDREA   E non pare anche a voi che ci sia contraddizione?

CHIÀRCHIARO   Mi pare, signor giudice, un'altra cosa. Che lei non capisce niente!

D'ANDREA   Dite, dite, caro Chiàrchiaro! Forse è una sacrosanta verità, questa che mi dite. Ma abbiate la bontà di spiegarmi perché non capisco niente.

CHIÀRCHIARO   La servo subito. Non solo le farò vedere che lei non capisce niente; ma anche toccare con mano che lei è un mio nemico.

D'ANDREA   Io?

CHIÀRCHIARO   Lei, lei, sissignore. Mi dica un po': sa o non sa che il figlio del sindaco ha chiesto il patrocinio dell'avvocato Lorecchio?

D'ANDREA   Lo so.

CHIÀRCHIARO   E lo sa che io – io, Rosario Chiàrchiaro – io stesso sono andato dall'avvocato Lorecchio a dargli sottomano tutte le prove del fatto: cioè, che non solo io mi ero accorto da più di un anno che tutti,

vedendomi passare, facevano le corna e altri scongiuri
più o meno puliti; ma anche le prove, signor giudice,
prove documentate, testimonianze irrepetibili, sa? ir-
re-pe-ti-bi-li di tutti i fatti spaventosi, su cui è edifi-
cata incrollabilmente, in-crol-la-bilmente, la mia fama
di jettatore?

D'ANDREA   Voi? Come? Voi siete andato a dar le prove
all'avvocato avversario?

CHIÀRCHIARO   A Lorecchio. Sissignore.

D'ANDREA   (*più imbalordito che mai*) Eh... Vi confesso
che capisco anche meno di prima.

CHIÀRCHIARO   Meno? Lei non capisce niente!

D'ANDREA   Scusate... Siete andato a portare codeste
prove contro di voi stesso all'avvocato avversario;
perché? Per rendere più sicura l'assoluzione di quei
due? E perché allora vi siete querelato?

CHIÀRCHIARO   Ma in questa domanda appunto è la prova, signor giudice, che lei non capisce niente! Io mi
sono querelato perché voglio il riconoscimento ufficiale della mia potenza. Non capisce ancora? Voglio
che sia ufficialmente riconosciuta questa mia potenza
terribile, che è ormai l'unico mio capitale, signor giudice!

D'ANDREA   (*facendo per abbracciarlo, commosso*) Ah,
povero Chiàrchiaro, povero Chiàrchiaro mio, ora capisco! Bel capitale, povero Chiàrchiaro! E che te ne
fai?

CHIÀRCHIARO   Che me ne faccio? Come, che me ne faccio? Lei, caro signore, per esercitare codesta professione di giudice – anche così male come la esercita –
mi dica un po', non ha dovuto prendere la laurea?

D'ANDREA   Eh sì, la laurea...

CHIÀRCHIARO   E dunque! Voglio anch'io la mia patente. La patente di jettatore. Con tanto di bollo. Bollo
legale. Jettatore patentato dal regio tribunale.

D'ANDREA   E poi? Che te ne farai?

CHIÀRCHIARO   Che me ne farò? Ma dunque è proprio

deficiente lei? Me lo metterò come titolo nei biglietti
da visita! Ah, le par poco? La patente! La patente!
Sarà la mia professione! Io sono stato assassinato, signor giudice! Sono un povero padre di famiglia. La-
voravo onestamente. M'hanno cacciato via e buttato
in mezzo a una strada, perché jettatore! In mezzo a
una strada, con la moglie paralitica, da tre anni in un
fondo di letto! e con due ragazze, che se lei le vede,
signor giudice, le strappano il cuore dalla pena che le
fanno: belline tutte e due; ma nessuno vorrà più sa-
perne, perché figlie mie, capisce? E lo sa di che cam-
piamo adesso tutt'e quattro? Del pane che si leva di
bocca il mio figliuolo, che ha pure la sua famiglia, tre
bambini! E le pare che possa fare ancora a lungo,
povero figlio mio, questo sacrificio per me? Signor
giudice, non mi resta altro che di mettermi a fare la
professione di jettatore!

D'ANDREA   Ma che ci guadagnerete?

CHIÀRCHIARO   Che ci guadagnerò? Ora glielo spiego.
Intanto, mi vede: mi sono combinato con questo vestito. Faccio spavento! Questa barba... questi occhiali... Appena lei mi fa ottenere la patente, entro in
campo! Lei dice, come? Me lo domanda – ripeto –
perché è mio nemico!

D'ANDREA   Io? Ma vi pare?

CHIÀRCHIARO   Sissignore, lei! Perché s'ostina a non credere alla mia potenza! Ma per fortuna ci credono gli
altri, sa? Tutti, ci credono! Questa è la mia fortuna! Ci sono tante case da giuoco nel nostro paese!
Basterà che io mi presenti. Non ci sarà bisogno di dir
niente. Il tenutario della casa, i giocatori, mi paghe-
ranno sottomano, per non avermi accanto e per far-
mene andar via! Mi metterò a ronzare come un mo-
scone attorno a tutte le fabbriche; andrò a impo-
starmi ora davanti a una bottega, ora davanti a
un'altra. Là c'è un giojelliere? – Davanti alla vetrina
di quel giojelliere: mi pianto lì,

eseguisce

mi metto a squadrare la gente così,

eseguisce

e chi vuole che entri più a comprare in quella bottega una gioja, o a guardare a quella vetrina? Verrà
fuori il padrone, e mi metterà in mano tre, cinque
lire per farmi scostare e impostare da sentinella
davanti alla bottega del suo rivale. Capisce? Sarà una
specie di tassa che io d'ora in poi mi metterò a esi-
gere!

D'ANDREA   La tassa dell'ignoranza!

CHIÀRCHIARO   Dell'ignoranza? Ma no, caro lei! La tassa della salute! Perché ho accumulato tanta bile e tanto odio, io, contro tutta questa schifosa umanità, che
veramente credo, signor giudice, d'avere qua in questi occhi, la potenza di far crollare dalle fondamenta
un'intera città! – Si tocchi! Si tocchi, perdio! Non vede? Lei è rimasto come una statua di sale!

*D'Andrea compreso di profonda pietà, è rimasto
veramente come balordo a mirarlo.*

Si alzi, via! E si metta a istruire questo processo che
farà epoca, in modo che i due imputati siano assolti
per inesistenza di reato; questo vorrà dire per me il
riconoscimento ufficiale della mia professione di jettatore!

D'ANDREA   (*alzandosi*) La patente?

CHIÀRCHIARO   (*impostandosi grottescamente e battendo la canna*) La patente, sissignore!

*Non ha finito di dire così, che la vetrata della fi-
nestra si apre pian piano, come mossa dal vento,
urta contro il quadricello e la gabbia, e li fa cadere
con fracasso.*

D'ANDREA   (*con un grido, accorrendo*) Ah, Dio! Il car-

dellino! Il cardellino! Ah, Dio! È morto... è morto...
L'unico ricordo di mia madre... Morto... morto...

*Alle grida, si spalanca la comune e accorrono i tre
Giudici e Marranca, che subito si trattengono alli-
biti alla vista di Chiàrchiaro.*

TUTTI   Che è stato? Che è stato?

D'ANDREA   Il vento... la vetrata... il cardellino...

CHIÀRCHIARO   (*con un grido di trionfo*) Ma che vento!
Che vetrata! Sono stato io! Non voleva crederci e
glien'ho dato la prova! Io! Io! E come è morto quel
cardellino

*subito, agli atti di terrore degli astanti, che si sco-
stano da lui*

così, a uno a uno, morirete tutti!

TUTTI   (*protestando, imprecando, supplicando, in coro*) Per l'anima vostra! Ti caschi la lingua! Dio, aju-
taci! Sono un padre di famiglia!

CHIÀRCHIARO   (*imperioso, protendendo una mano*) E
allora qua, subito – pagate la tassa! – Tutti!

I TRE GIUDICI   (*facendo atto di cavar danari dalla tasca*) Sì, subito! Ecco qua! Purché ve n'andiate! Per
carità di Dio!

CHIÀRCHIARO   (*esultante, rivolgendosi al giudice D'Andrea, sempre con la mano protesa*) Ha visto? E non
ho ancora la patente! Istruisca il processo! Sono ricco! Sono ricco!

Tela

L'UOMO, LA BESTIA E LA VIRTÙ

apologo in tre atti

PERSONAGGI

Il trasparente signor Paolino, *professore privato*
La virtuosa signora Perella, *moglie del*
Capitano Perella
Il dottor Nino Pulejo
Il signor Totò, *farmacista, suo fratello*
Rosaria, *governante del signor Paolino*
Giglio *e* Belli, *scolari*
Nonò, *ragazzo di 11 anni, figlio dei Perella*
Grazia, *domestica di casa Perella*
Un marinajo

In una città di mare, non importa quale
Oggi

ATTO PRIMO

Stanza modesta da studio e da ricevere in casa del signor Paolino. Scrivania, scaffali di libri, canapè, poltrone, ecc. La comune è a sinistra. A destra, un uscio; un altro in fondo, che dà in uno sgabuzzino quasi bujo.

SCENA PRIMA
ROSARIA *e il* SIGNOR TOTÒ.

Al levarsi della tela, la stanza è in disordine. Parecchie seggiole in mezzo alla scena, le une sulle altre, capovolte; le poltrone fuori di posto, ecc. Entra dalla comune Rosaria con la cuffia in capo e ancora i diavolini attorti tra i capelli ritinti d'una quasi rossa orribile manteca. Ha l'aspetto e l'aria stupida e petulante d'una vecchia gallina. La segue il signor Totò col cappello in capo, collo torto da prete, aspetto e aria da volpe contrita. Si stropiccia di continuo le mani sotto il mento, quasi per lavarsele alla fontana della sua dolciastra grazia melensa.

ROSARIA   Ma scusi, ma perché vuole entrarmi in casa ogni mattina? Non vede che è ancora in disordine?

TOTÒ   E che fa? Oh, per me, cara Rosaria...

ROSARIA   (*con scatto di stizza, voltandosi, come volesse beccarlo*) Ma come, che fa?

TOTÒ   (*restando male, con un sorriso vano*) Dico che io non ci bado... – Vi lascio la chiave, perché la consegniate a mio fratello, il dottore, appena ritorna, poverino, dalla sua assistenza notturna all'ospedale.

ROSARIA   Va bene. Potrebbe darmela sulla porta, la chiave, e andarsene, senza entrare.

TOTÒ   Per me è ormai una cara abitudine, questa...

ROSARIA   Ma dica un brutto vizio!

TOTÒ   Mi trattate male, Rosaria...

ROSARIA   Ho da fare! Ho da fare! E poi secca, capirà! Io sono ancora così

indica i diavolini ai capelli

– e, qua, le seggiole, vede? a gambe all'aria. La casa, quando è onesta, ha anch'essa i suoi pudori; come la donna, quando è onesta.

TOTÒ   Ah, lo credo, lo credo bene! e mi piace tanto sentirvi dire così...

ROSARIA   Già! lo crede, le piace, e intanto lo... lo violenta!

TOTÒ   *(come inorridito)* Io?

ROSARIA   Sissignore! Il pudore della casa!

Così dicendo, rimette sui quattro piedi le seggiole capovolte e abbassa con grottesca pudicizia la fodera di tela che le ricopre, come se nascondesse le gambe a una sua figliuola.

Dio sa quanto ci bado, io, con un padrone che...

fa con la mano un gesto di rammarico, indicando l'uscio a destra

– farebbe prendere la fuga anche... anche alle seggiole, sissignore, per non stare a sentirlo, così sempre sulle furie... Io, se fossi seggiola di questa casa, vorrei essere... guardi, piuttosto seggiola d'uno di quelli che vendono cerotti per le strade, che vi montano sopra.

Di nuovo, alzando una mano verso l'uscio a destra:

– Sgarbato! Le afferra così

afferra la seggiola per la spalliera

– quand'è arrabbiato – le scrolla, le pesta, le scara-
venta anche...

TOTÒ   Voi le volete bene, come se fossero vostre figliuole...

ROSARIA   Le vorrei tener linde come sposine! M'affe-
ziono, io!

TOTÒ   Ah, avere una casa!

ROSARIA   E come? Non ce l'ha, lei, la casa, di là? Dica
che non vuol tenere una donna di servizio.

TOTÒ   Ma casa, oh, casa, io intendo famiglia, mia buona Rosaria...

ROSARIA   E lei prenda moglie, allora! O una governante affezionata! Sarebbe un bene anche per suo fratello il dottore.

TOTÒ   (*subito, con orrore*) Io? moglie? No!

Poi, sospirando:

Eh... lui, se mai, mio fratello! E vi giuro che ne sarei
tanto contento. Ma non la prende. Non la prende,
perché ci sono io.

ROSARIA   E che può fargli da moglie, lei, a suo fratello?

TOTÒ   No! Ma perché bado io a tutto, capite? E così
egli non ne sente nessun bisogno. Più tardi, rientrerà
dalla sua assistenza notturna; verrà qui a domandar-
vi la chiave, e troverà di là tutto in ordine, rassetta-
to, con tutti i suoi bisogni prevenuti...

ROSARIA   Ah, è comodo per lui.

TOTÒ   Lo faccio con tutto il cuore, credetemi. Per me,

mio fratello è tutto! La casa è per lui, non è per me...

ROSARIA   Già, perché lei se ne sta tutto il giorno in farmacia...

TOTÒ   No, non per questo. Anche lui, poverino, allora, è tutto il giorno in giro per le sue visite... La casa, cara Rosaria, credete a me, non è mai quella che ci facciamo noi e che ci costa tanti pensieri e tante cure. La vera casa, quella di cui sentiamo il sapore quando si dice c a s a... un sapore che nel ricordo è così dolce e così angoscioso, la vera casa è quella che altri fece per noi, voglio dire nostro padre, nostra madre, coi loro pensieri e le loro cure. E anche per loro, per nostro padre e nostra madre, la casa, la vera casa per l o r o qual era? Ma quella dei loro genitori, non già quella ch'essi fecero per noi... È sempre così... Oh, ma ecco qua Paolino.

SCENA SECONDA

PAOLINO *e* DETTI.

Il signor Paolino entrerà precipitosamente dall'uscio a destra. È un uomo sulla trentina, vivacissimo, ma di una vivacità nervosa, che nasce da insofferenza. Tutte le passioni, tutti i moti dell'animo traspajono in lui con una evidenza che avventa. Subitanei scatti e cangiamenti di tono e d'umore. Non ammette repliche e taglia corto.

PAOLINO   (*al signor Totò*) Carissimo...

E subito, rivolgendosi a Rosaria:

Non gli avete dato ancora il caffè? Ma dateglielo, per Dio santo! Con quante chiacchiere volete che ve la paghi, ogni mattina, una tazza di caffè?

TOTÒ   Oh! Dio, no, Paolino! non è per questo!

PAOLINO   Totò, fammi il piacere: non essere ipocrita, oltre che spilorcio!

TOTÒ   Ma io parlavo...

PAOLINO   (*attaccando subito*) Della casa, mezz'ora che parli della casa; t'ho sentito di là: della poesia della casa.

TOTÒ   Ma la sento davvero!

PAOLINO   Non ti dico di no. Ma te ne servi per vestire davanti a te stesso, con decenza, la tua spilorceria.

TOTÒ   No...

PAOLINO   È così come ti sto dicendo io! Tant'è vero che, appena Rosaria t'avrà dato il caffè, te n'andrai stropicciandoti le mani giù per le scale, tutto contento della tazzina di caffè che vieni a scroccarmi ogni mattina con codeste chiacchieratine poetiche.

TOTÒ   Ah, se credi così...

Mortificato, fa per andarsene.

PAOLINO   (*subito, acchiappandolo per un braccio*) Che? Tu ora il caffè, perdio, te lo devi prendere! Io credo così, perché è vero così!

TOTÒ   Ma no...

PAOLINO   Ma sì! E appunto perché è vero così, ti devi prendere il caffè!

TOTÒ   Non me lo prendo, no!

PAOLINO   (*seguitando con foga crescente*) Due caffè, tre caffè! Perché tu ora te lo sei guadagnato con lo sfogo che m'hai offerto, capisci? Quando una cosa mi resta qua,

indica la bocca dello stomaco

caro mio, sono rovinato! Te l'ho detta, pago. Un caffè al giorno, puoi contarci! Vàttene!

*Lo spinge fuori come se fosse un affare concluso; e
poiché il signor Totò accenna di voltarsi, incalza:*

No, vàttene, vàttene senza ringraziarmi!

TOTÒ   No, non ti ringrazio! Ma sarei più contento, se
tu me lo facessi...

PAOLINO   (*con scatto iroso*) Pagare?

TOTÒ   (*umile come sempre*) A fin di mese, per come te
n'ho fatto la proposta!

PAOLINO   E che sono io, caffettiere? che è, un caffè, la
mia casa?

TOTÒ   No: è che io di là, vedi, non ho chi me lo faccia. Tu hai qua la tua governante. Non fai mica il
caffè per me, per venderlo. Lo fai per te. Ne fai una
tazzina di più, e io te la pago.

PAOLINO   Eh già! Prendo moglie. Non la prendo mica
per te, per vendertela. La prendo per me. Ma te la
cedo, ecco, per soli cinque minuti, ogni giorno. Va
bene? Che cosa sono cinque minuti?

TOTÒ   (*sorridendo*) No, che c'entra! La moglie...

PAOLINO   (*subito*) E la governante?

TOTÒ   (*non comprendendo*) Come?

PAOLINO   (*gridando*) Ma il caffè non si fa mica da solo!
Ci vuole la governante per fare il caffè. Animale, o
perché credi che un operajo sia più ricco d'un professore? Perché un operajo, se vuole, può farsi tutto da
sé, mentre un professore no: ha bisogno di tenere la
governante, il professore!

ROSARIA   (*interloquendo, melliflua e persuasiva*) Che lo
serva, lo curi e faccia di tutto per dargli quelle como-
dità...

PAOLINO   (*comprendendo il fiele di quel miele, per troncare*) Lasciamo andare! lasciamo andare!

ROSARIA   (*risentita e con sottintesi di riprovazione*) Ma
dico, perché fuor di casa non abbia poi a mostrarsi
disordinato o distratto.

PAOLINO   Grazie tante!

Al signor Totò:

La stai a sentire? E io, sì, di questa bella fortuna d'essere professore debbo piangere le conseguenze, e tu farmacista, no? – Va' al diavolo! – Ohi, Rosaria: per oggi, glielo darete, il caffè; da domani in poi – più niente!

TOTÒ   Scusa, m'hai dato anche dell'animale...

PAOLINO   Ah già! Glielo darete allora anche domani! Ma vàttene! Vorresti che ti caricassi d'insulti, per avere una tazza di caffè per ogni insulto che ti faccio?

TOTÒ   No, no, me ne vado... Grazie, Paolino...

Via con Rosaria per l'uscio di sinistra.

SCENA TERZA
PAOLINO, *poi* GIGLIO *e* BELLI.

PAOLINO   Dio, che gente! Dio, che gente!... Ma com'è? Tutti così?

GIGLIO   (*dall'interno*) Permesso, signor professore?

PAOLINO   Uh, ecco già la prima lezione. Avanti!

Entrano coi libri sotto braccio, e con le sciarpe di lana al collo – uno, rossa; l'altro, turchina – Giglio e Belli. Hanno anch'essi un aspetto bestiale che consola: Giglio, da capro nero, e Belli, da scimmione con gli occhiali.

GIGLIO   Buon giorno, signor professore.

BELLI   Buon giorno, signor professore.

PAOLINO   Buon giorno. Sedete.

Indica la scrivania:

GIGLIO   (*sedendo*) Grazie, signor professore.

BELLI   (*sedendo*) Grazie, signor professore.

PAOLINO (*sedendo anche lui e rifacendo loro il verso,
prima all'uno poi all'altro, accennando un inchino*)
Non c'è di che, caro Giglio! Non c'è di che, caro
Belli!

> *Li guarda e sbuffa esasperatamente:*

Ahhh!

> *Prendendosi la testa tra le mani:*

Dio mio! Dio mio! Dio! Dio! Dio! Io veramente credo che la vita f r a g l i u o m i n i, tra poco, non mi sarà più possibile!

GIGLIO Perché, signor professore?

BELLI Dice per noi, signor professore?

PAOLINO (*tornando a guardarli con ira contenuta*) Ma
quant'anni avete?

GIGLIO Diciotto, signor professore!

BELLI Diciassette, signor professore!

PAOLINO (*tentennando il capo in contemplazione del loro aspetto bestiale*) E già così uomini tutti e due! Dite
un po': come si dice in greco commediante?

GIGLIO In greco?

PAOLINO No: in arabo! Lei non lo sa!

> *Al Belli:*

E lei?

BELLI Commediante? Non ricordo.

PAOLINO Ah, lei non ricorda? Perché vuol dire che
prima lo sapeva, è vero? e ora non lo ricorda più!

BELLI Nossignore: non l'ho mai saputo.

PAOLINO Ah, così si dice!

> *Sillabando:*

Non-lo-so! – Ve l'insegno io: – Commediante, in
greco, si dice: *upocritès* – E perché *upocritès*?

Al Belli:

A lei: che cosa fanno i commedianti?

BELLI   Mah... rècitano, mi pare.

PAOLINO   Le pare? Non ne è sicuro? E perché rècitano, si chiamano *ipocriti*? Le pare giusto chiamare
ipocrita uno che recita per professione? Se recita, fa
il suo dovere! Non può chiamarlo ipocrita! – Chi
chiama così lei, invece, cioè con questo nome che i
greci davano ai commedianti?

GIGLIO   (*come se tutt'a un tratto gli si facesse lume*) Ah,
uno che finge, signor professore!

PAOLINO   Ecco. Uno che finge, come un commediante
appunto, che finge una parte, poniamo di re, mentre
è un povero straccione; o un'altra parte qualsiasi.
Che c'è di male in questo? Niente. Dovere! professione! – Quand'è il male, invece? Quando non si è
più così *ipocriti* per dovere, per professione sulla scena; ma per gusto, per tornaconto, per malvagità, per
abitudine, nella vita – o anche per civiltà – sicuro!
perché civile, esser civile, vuol dire proprio questo: –
dentro, neri come corvi; fuori, bianchi come colom-
bi; in corpo fiele; in bocca miele. O quando si entra
qua e si dice: – *Buon giorno, signor professore,* invece
di: – *Vada al diavolo, signor professore!*

GIGLIO   (*balzando*) Ma come! scusi! per questo?

BELLI   (*c.s.*) Dovremmo dirle: «*Vada al diavolo*»?

PAOLINO   L'avrei più caro, l'avrei più caro, v'assicuro!
– O almeno, santo Dio, non dirmi nulla, ecco!

GIGLIO   Già! E lei allora direbbe: – Che maleducati!

PAOLINO   Giustissimo! Perché la civiltà vuole che si
auguri il buon giorno a uno che volentieri si mande-
rebbe al diavolo; ed essere bene educati vuol dire appunto esser commedianti. – *Quod erat demonstran-
dum* – Basta. Storia oggi, è vero?

BELLI   (*risentito*) Ma no, scusi, professore...

PAOLINO   Basta v'ho detto! – Chiusa la digressione.

Questa civiltà, figlioli miei, questa civiltà mi sta finendo lo stomaco! – Chiusa, chiusa la digressione. – Storia. – A lei, Giglio.

Si sente picchiare alla porta.

Chi è? – Avanti!

SCENA QUARTA
DETTI *e* ROSARIA.

ROSARIA   (*entrando per la comune e chiamando a sé il signor Paolino con un comico gesto della mano*) Qua un momentino, signor professore!

PAOLINO   Che volete? Sto a far lezione; e sapete bene che quando sto a far lezione...

ROSARIA   Lo so, benedetto Iddio, lo so! Ma appunto perché lo so, se sono entrata, mi scusi, è segno che debbo dirle qualche cosa che preme.

PAOLINO   (*agli scolari*) Abbiate pazienza un momento.

Appressandosi a Rosaria.

Cosa che preme?

ROSARIA   È venuta una signora, con un ragazzo, che – dice – lei la conosce bene.

PAOLINO   La mamma di qualche allievo?

ROSARIA   (*sospettosa*) Non so. – Sarà! – Ma è agitatissima...

PAOLINO   Agitatissima?

ROSARIA   Sissignore. E, chiedendo di lei, si è fatta bianca, rossa... di cento colori.

PAOLINO   Ma chi è? il nome! V'ho detto mille volte di domandare il nome a chi viene a cercar di me!

ROSARIA   E l'ho fatto! Me l'ha detto. Si chiama... – aspetti... – la signora... la signora Pe...

PAOLINO (*con un balzo quasi atterrito, in vivissima agitazione*) Perella? – La signora Perella, qua? – Oh Dio! E che sarà avvenuto?... Aspettate... aspettate... – Ditele che attenda un po'.

ROSARIA Ah, la conosce dunque davvero?

PAOLINO (*facendole gli occhiacci*) Non mi seccate! Ditele che attenda un po'.

ROSARIA Va bene... va bene...

Esce.

PAOLINO (*cercando di dominare l'agitazione e riaccostandosi alla scrivania*) Ragazzi, non... non perdiamo tempo. – Guardate: invece della storia e della geografia, mi... mi farete anche oggi una versioncina...

GIGLIO e BELLI (*protestando*) Ma no, scusi, professore!

PAOLINO Dall'italiano in latino!

GIGLIO e BELLI No, professore, per carità!

PAOLINO Facile facile.

GIGLIO L'abbiamo fatto jeri!

BELLI Sempre latino! sempre latino!

PAOLINO È il vostro debole!

GIGLIO Ma non ne possiamo più!

PAOLINO (*severo*) Basta così!

BELLI Non abbiamo neanche i dizionari.

PAOLINO Ve li darò io!

Li cava in fretta dallo scaffale.

Eccoli qua! – A voi!

GIGLIO Ma professore...

PAOLINO Basta così, ho detto!

Prende dalla scrivania un libro e comincia a sfogliarlo.

Tradurrete... tradurrete...

Cercando, si distrae e comincia a parlare tra sé:

Qua?... Così per tempo?... E quando mai?... Che...

S'accorge che i due scolari guardano curvi, e intenti nel libro ch'egli tiene aperto in mano, come se vi cercassero le parole da lui proferite, e si riprende:

Che cercate?

GIGLIO   Eh... la traduzione...

BELLI   Quello che lei leggeva...

PAOLINO   Io non leggevo un corno! – Tradurrete – ecco – qua... questo passo qua... breve breve. – Oh! Mi farete il piacere...

va ad aprire l'uscio dello sgabuzzino in fondo e li attira a sé col gesto delle mani

qua, venite qua... – di mettervi qua, in questo camerino... abbiate pazienza!

BELLI   *(con orrore)* Là?

GIGLIO   *(c.s.)* Professore, ma non ci si vede!

PAOLINO   Abbiate pazienza, per un momentino! Andiamo!

Li spinge dentro.

Traducete ciascuno per suo conto, mi raccomando! Al lavoro, al lavoro. Non perdiamo tempo!

Richiude l'uscio e corre alla comune per invitare la signora Perella a entrare.

Signora, venga... venga avanti...

SCENA QUINTA

Il signor PAOLINO, *la* SIGNORA PERELLA *e* NONÒ, *poi, dietro l'uscio in fondo,* GIGLIO *e* BELLI.

Entra per l'uscio a sinistra la signora Perella con Nonò. La signora Perella sarà la virtù, la modestia, la pudicizia in persona; il che disgraziatamente non toglie ch'ella sia incinta da due mesi – per quanto ancora non paja – del signor Paolino, professore privato di Nonò. Ora viene a confermare all'amante il dubbio divenuto pur troppo certezza. La pudicizia e la presenza di Nonò le impediscono di confermarlo apertamente; ma lo lascia intendere con gli occhi e anche – senza volerlo – con l'aprir di tanto in tanto la bocca, per certi vani conati di vomizione, da cui, nell'esagitazione, è assalita. Si porta allora il fazzoletto alla bocca, e con la stessa compunzione con cui vi verserebbe delle lagrime, vi verserà invece di nascosto un'abbondante e sintomatica salivazione. La signora Perella è molto afflitta, perché certo per le sue tante virtù e per la sua esemplare pudicizia non si meriterebbe questo dalla sorte. Tiene costantemente gli occhi bassi; non li alza se non di sfuggita per esprimere al signor Paolino, di nascosto da Nonò, la sua angoscia e il suo martirio. Veste, s'intende, con goffaggine, perché la moda ha per sua natura l'ufficio di render goffa la virtù, e la signora Perella è pur costretta ad andar vestita secondo la moda, e Dio sa quanto ne soffre. Parla con querula voce, quasi lontana, come se realmente non parlasse lei, ma il burattinajo invisibile che la fa muovere, imitando malamente e goffamente una voce di donna malinconica. Se non che, ogni tanto, urtata o punta sul vivo, se ne dimentica, e ha scatti di voce, toni e modi naturalissimi. Nonò ha un bellissimo aspetto di simpatico gatto, con un magnifico cravattone rosso a farfalla e un collettone rotondo inamidato. Non sarebbe male che

impugnasse con molta convinzione un bastoncino di
quelli per ragazzi con testina di cane. Ride spesso, e
più spesso ancora tira sorsi col naso per risparmiare il
fazzoletto che gli fa bella comparsa sporgendo dalla
tasca della giacca, ben ripiegato e intatto.

PAOLINO   (*subito, scambiando uno sguardo d'intelligenza*
   con la signora e smorendo alla vista di lei che con gli
   occhi gli fa cenno di badare alla presenza di Nonò) Sì?
   Ah Dio... sì?

   Volgendosi a Nonò, per rispondere al cenno della
   signora:

Caro Nonò.
NONÒ   Buon giorno!
PAOLINO   Buon giorno! Bravo, il mio Nonò... S'acco-
   modi, signora...

   Piano, porgendole da sedere:

Non c'è più dubbio? proprio certo?

   A un nuovo e più pressante cenno degli occhi della
   signora voltandosi verso Nonò:

Eh, sei venuto a trovare il tuo professore, Nonotto
bello?
NONÒ   (*fa cenno di no col dito, prima di parlare, con un*
   verso che gli è abituale) Siamo andati a Santa Lucia,
   allo Scalo.
PAOLINO   Ah sì? A veder le barchette?
NONÒ   (*c.s.*) A domandare a che ora arriva papà col
   «Segesta».

*Poi, con un sorriso da scemo, guardando e indicando
a Paolino la madre che, appena seduta, apre la bocca
come un pesce:*

Ma ecco che mamà apre di nuovo la bocca!

PAOLINO   (*rivoltandosi di scatto*) Chi? come? la bocca?

Spaventato alla vista della bocca aperta della signora:

Oh Dio! che è?... che è?...

*E accorre a lei, che, alzandosi col fazzoletto alla
bocca, ora, si reca in fondo alla scena, presso l'uscio
dello sgabuzzino.*

SIGNORA PERELLA   (*appoggiandosi sfinita a uno degli scaffali, col fazzoletto sempre alla bocca e facendo cenni
disperati a Paolino di non accostarsi e di badare per
amor di Dio a Nonò*) Per carità... per carità...

NONÒ   (*a Paolino che si volge a lui come basito, placidamente e sorridente*) Da tre giorni apre la bocca così!

PAOLINO   Ah, ma non è niente sai, caro Nonò... Niente! La... la mamma... la mamma sbadiglia – ecco. –
Così... – sbadiglia.

NONÒ   (*facendo prima il solito verso col dito, e poi con
lo stesso dito accennando allo stomaco*) È cosa che le
viene di qua.

PAOLINO   (*con un grido*) No! Benedetto figliuolo, che
dici?

NONÒ   Ma sì, sì, debolezza di stomaco. L'ha detto lei!

PAOLINO   (*rifiatando*) Ahhh – già... – ecco, sì – debolezza, va bene. Un po' di debolezza di stomaco, Nonò! Nient'altro!

SIGNORA PERELLA   (*gemendo dal fondo della scena*) Ah!
per carità...

NONÒ   E ora sputa dentro il fazzoletto, guarda! tanto
tanto!

SIGNORA PERELLA   Per carità...

PAOLINO   Ma Nonò! insomma? Sei impazzito? Sono cose che si dicono, queste?

NONÒ   Perché no?

SIGNORA PERELLA   (*lamentosa, senza forza di parlare*) Le dice... le dice anche davanti alla persona di servizio...

NONÒ   E che male c'è?

PAOLINO   Nessun male, no! Ma scusa, ti pare buona educazione, davanti a una persona di servizio?

SIGNORA PERELLA   (*c.s.*) E al padre! Subito lo dirà al padre, appena lo vedrà arrivare!

A Paolino, con terrore, piano:

Arriva oggi! Arriva oggi!

PAOLINO   (*restando allibito*) Oggi?

NONÒ   (*festante, battendo le mani*) Oggi, sì!

Subito accorrendo alla madre, con petulanza:

Oh, mi mandi, mi mandi col marinajo a bordo?

PAOLINO   Ma Nonò! Scostati!

NONÒ   (*per rassicurarlo*) Non è niente! Ora le passa.

Alla madre:

Mi mandi a bordo, mamà? Sì, sì! Mi piace tanto quando papà dal ponte comanda la manovra d'attracco, col berretto da capitano e il cappotto di tela cerata! Mi mandi, mamà?

SIGNORA PERELLA   Ti mando, sì... ti mando...

A Paolino, indicando Nonò:

Mi fa morire...

PAOLINO   Ah, Nonò, ti perdo tutta la stima, sai? Non vedi che mamma soffre?

NONÒ   Mi fa tanto ridere, quando apre la bocca così

eseguisce

come un pesce...

PAOLINO   Bravo! La mamma soffre, e tu ridi! Bravo! E lo dirai anche a papà, che la mamma apre la bocca come un pesce, perché ne rida anche lui, è vero?

*Va alla scrivania e ne prende un grosso libro illu-
strato.*

Guarda: ti volevo regalar questo, oggi!

NONÒ   «*La vita degli insetti...*». Oh bello! Sì! Sì!

PAOLINO   No, caro! Tu sei cattivo, e non te lo darò più.

*A questo punto si sente picchiare forte all'uscio in
fondo e contemporaneamente:*

LE VOCI DI GIGLIO e BELLI   Professore! Professore!

SIGNORA PERELLA   (*ancora presso l'uscio, balzando e correndo avanti, atterrita*) Oh Dio!... Chi è?

PAOLINO   Ma sono quegli animali! Niente, signora, due scolari... non tema!

NONÒ   Oh bella! Nascosti là?

PAOLINO   (*recandosi all'uscio in fondo, aprendolo appena
e introducendovi il capo*) Che diavolo volete?

NONÒ   (*accostandosi curioso per vedere tra le gambe di
Paolino*) Li tieni lì in castigo?

SIGNORA PERELLA   (*richiamandolo*) Nonò, qua!

LA VOCE DI GIGLIO   Un lume! una candela almeno, signor professore! Non ci si vede!

LA VOCE DI BELLI   Non riusciamo a decifrar le lettere nel dizionario!

PAOLINO   Sta bene! Silenzio! Vi porterò una candela!

Richiude l'uscio.

NONÒ   E perché li hai nascosti lì dentro?

PAOLINO   Ma non li ho nascosti! Fanno una versione.

NONÒ   (*spaventato*) Al bujo?

PAOLINO   No, vedi? Vado a prender loro un lume.

> *S'avvia.*

NONÒ   Io intanto guardo il libro.
PAOLINO   Ah, no! non te lo do più... non te lo do!

> *Esce per la comune e, poco dopo, rientra con una candela accesa in mano. Nel frattempo, i due scolari Giglio e Belli, prima l'uno e poi l'altro, sporgono il capo dall'uscio in fondo a guardare con sorrisi maliziosi la signora Perella, che se ne spaventa, mortificata; e poi Nonò, cacciando fuori la lingua.*

NONÒ   (*a Paolino che rientra*) Han cacciato fuori la testa, sai?
SIGNORA PERELLA   (*tremante*) M'hanno vista! m'hanno vista!
NONÒ   Prima l'uno e poi l'altro! E mi hanno fatto così!

> *Caccia fuori la lingua.*

PAOLINO   Ho dimenticato di chiudere a chiave! Pazienza, signora!

> *Si reca all'uscio in fondo, lo apre di nuovo appena, porge la candela.*

Ecco qua la candela! Attendete alla traduzione!

> *Richiude l'uscio a chiave. Poi, appressandosi a Nonò:*

Dunque tu vorresti codesto libro?
NONÒ   Io, sì! L'hai comprato per me?
PAOLINO   Sì. E te lo do; ma a patto che tu prometti...
NONÒ   Sì, sì...

Guarda la madre che riapre la bocca.

Ma, oh! – guarda. È inutile! Io non lo dico, ma lei lo
rifà!

PAOLINO   Ah Dio! ah Dio! Ma questo è atroce!

Volgendosi a Nonò:

Tu intanto, caro mio, non lo ridici più! Ho la tua
promessa, bada! Se non mantieni, il libro, via! –
Mettiti qua –

*lo fa sedere su una seggiola con le spalle voltate verso
la madre, gli colloca su un'altra davanti il libro*

ecco così – e guàrdatelo!

*S'appressa alla signora Perella, che combatte ancora
col fazzoletto sulla bocca.*

È atroce! è atroce! È d'una evidenza che grida, tutto
questo!

SIGNORA PERELLA   (*lamentosa*) Sono perduta... sono finita... non c'è più rimedio per me... La morte sola...

PAOLINO   Ma no! che dici?

SIGNORA PERELLA   Sì... sì...

PAOLINO   Se t'avvilisci così, fai peggio!

SIGNORA PERELLA   Ma tu capisci, che se mi viene di
farlo davanti a lui...

PAOLINO   E tu non farlo!

SIGNORA PERELLA   (*con scatto di voce naturale*) Come se
dipendesse da me!... Mi viene.

Rimettendosi a parlare come prima:

Ed è lo stesso segno, preciso, di quando fu di Nonò.

PAOLINO   Anche allora? Ah! E lui lo sa?

SIGNORA PERELLA   Lo sa. E ne rideva, quando me lo
vedeva fare, come ora ne ride Nonò...

PAOLINO   Oh Dio! Ma allora se ne accorgerà?

SIGNORA PERELLA   Sono perduta... sono finita...

PAOLINO   Ma non puoi sforzarti di non farlo, perdio?

SIGNORA PERELLA   (*con voce naturale*) Mi viene di qua,
all'improvviso... Una specie di contrazione!

NONÒ   (*accorrendo col libro in mano*) Oh guarda, mamma! Bello! Il ragnetto che tesse la tela!

PAOLINO   (*con scatto d'ira, ma subito frenandosi e passando a una comica esageratissima affettuosità*) Ma sì,
lascia in questo momento... caro Nonotto bello: il
ragnetto sì, che tesse la tela... guàrdatelo da te! Ci
sono tant'altre belle bestioline, sai? tante! tante!
guàrdatele da te; ché poi mammà se le guarderà anche lei con comodo, eh? Ragnetti, formichette, far-
falline...

Lo rimette a sedere c.s.

Qua, qua... bonino! bonino!

*Si sente di nuovo picchiare all'uscio in fondo e con-
temporaneamente:*

LA VOCE DI BELLI   Professore! Professore!

PAOLINO   Parola d'onore, io li uccido!

Correndo all'uscio in fondo e aprendolo c.s.

Che altro c'è? Non sapete star fermi un quarto d'o-
ra ad attendere a una versione, che farebbe un ragazzino di seconda ginnasiale?

BELLI   (*sporgendo il capo dall'uscio*) Non solo, ma anche, signor professore.

PAOLINO   Che cosa, *ma anche*?

BELLI   Dice così qua.

Mostra il libro.

Non solo ma anche. – Forma avversativa, è vero?

PAOLINO   Avversativa? Come avversativa, asino! Non vede che esprime una coordinazione?

GIGLIO   (*facendosi avanti*) Ecco! ecco, sissignore! gliel'ho detto io, signor professore! Crescente d'intensità e di valore...

PAOLINO   Ma se lo sa anche quel ragazzino là.

Indica Nonò.

«*Non solo, ma anche*», a te, Nonò! Come si traduce? *Non solo...*

NONÒ   (*pronto, sorgendo in piedi, sull'attenti*) *Non solum!*

PAOLINO   Benissimo! Oppure?

NONÒ   Oppure... *Non tantum!*

PAOLINO   Benissimo! Oppure?

GIGLIO   *Non modo*, signor professore, *non modo*, o *tantúmmodo!*

PAOLINO   (*ricacciandoli dentro lo sgabuzzino*) Ma se lo sapete! Andate al diavolo tutt'e due!

Richiude l'uscio.

SIGNORA PERELLA   Dio, che vergogna... Dio, che vergogna!

PAOLINO   Ma no! Perché? Non temere! Tu figuri qua la mamma d'un allievo... Ho interrogato Nonò apposta! È per quella maledetta Rosaria, piuttosto!

SIGNORA PERELLA   Come m'ha guardata! Come m'ha guardata!

PAOLINO   Hai fatto male a venire. Sarei venuto io prima di sera!

SIGNORA PERELLA   Ma il «Segesta» arriva alle cinque! Avevo bisogno di prevenirti che non c'era più dubbio. Lo vedi? Non c'è, non c'è più dubbio, purtroppo. Come farò?

PAOLINO   Sai quando ripartirà?

SIGNORA PERELLA   Domani stesso!

PAOLINO   Domani?

SIGNORA PERELLA   Sì, per il Levante! e starà fuori altri due mesi, per lo meno!

PAOLINO   Passerà dunque qui soltanto questa notte?

SIGNORA PERELLA   Ma farà come tutte le altre volte, ne puoi star sicuro!

PAOLINO   No, perdio, no!

SIGNORA PERELLA   Ma come no? Lo sai!

PAOLINO   Non deve farlo!

SIGNORA PERELLA   E come? Come? Non lo sai, com'è? Sono perduta, Paolino. Sono perduta.

Si sente picchiare all'uscio a sinistra.

PAOLINO   Chi è?

SCENA SESTA
DETTI *e* ROSARIA.

ROSARIA   (*aprendo l'uscio*) Prendo, se permette, la chiave lasciata dal signor Totò per suo fratello il dottore. L'ho dimenticata qua sul tavolino.

S'avvia per prenderla.

PAOLINO   (*a cui è balenata un'idea*) Il dottore? Aspettate! È di là il dottore?

ROSARIA   Vuole la chiave.

PAOLINO   (*levandole la chiave dalle mani*) Datela a me. Ditegli che aspetti un momentino, perché ho da parlargli.

ROSARIA   Ma casca dal sonno, sa? Ha vegliato tutta la notte.

PAOLINO   Vi ho ordinato di dirgli che aspetti un momento.

ROSARIA   Ecco: sarà obbedito...

Esce.

SIGNORA PERELLA   (*spaventata*) Oh Dio, che vuoi fare? Che vuoi fare col dottore, Paolino?

PAOLINO   Non lo so. Gli parlerò. Gli domanderò ajuto, consiglio.

SIGNORA PERELLA   Che ajuto? Per me?

PAOLINO   Sì! Lasciami fare, lasciami tentare...

SIGNORA PERELLA   No, no, Paolino! Che vuoi dirgli? Per carità!

PAOLINO   Ma bisogna ch'io t'ajuti!

SIGNORA PERELLA   Mi comprometti!

PAOLINO   Vuoi morire?

SIGNORA PERELLA   Ah, piuttosto morire! E non questa vergogna!

PAOLINO   Tu sei pazza! Ci sono qua io! Lascia fare a me.

SIGNORA PERELLA   Che cosa?

PAOLINO   Non lo so, ti dico! Qualche cosa! Il dottore è amico mio, intimo, da fratello. Lasciami parlare con lui. Tu vàttene! Verrò a casa prima dell'arrivo del «Segesta». Sarò a tavola con voi!

Andando verso Nonò che seguita a guardare il libro:

Su, Nonò. Pòrtati via codesto libro e vai con la mamma, ché più tardi io verrò a scriverti qua

indica il frontespizio del libro

una bella dedica: «Al caro Nonotto in premio dei suoi progressi nello studio del latino». Va bene?

NONÒ   Sì, sì... È tanto bello, sai? anche com'è scritto!

PAOLINO   Dammi un bacio.

SIGNORA PERELLA   E ringrazia il signor professore,
   Nonò...

NONÒ   (*solito gesto col dito, poi*) Non ce n'è bisogno.

SIGNORA PERELLA   Come non ce n'è bisogno?

NONÒ   Me l'ha detto lui.

> *A Paolino:*

È vero?

PAOLINO   Verissimo, verissimo! Vai, vai, Nonò.

NONÒ   Vieni anche a tavola con noi?

PAOLINO   Sì e ti porterò le pasterelle che ti piacciono.

NONÒ   Sì, sì... Addio! Presto, eh?

PAOLINO   A rivederla tra poco, signora.

> *Piano:*

Coraggio! coraggio!

SIGNORA PERELLA   A rivederla!

> *Esce per la comune con Nonò, accompagnata dal si-*
> *gnor Paolino. La scena resta vuota un momento.*

SCENA SETTIMA
PAOLINO, *il* DOTTOR PULEJO, *poi* GIGLIO *e* BELLI.

PAOLINO   (*dando passo al dottor Pulejo*) Entra, entra,
   dottore...

> *Lo fa entrare; entra anche lui.*

E siedi lì.

> *Gl'indica una poltrona.*

PULEJO (*bell'uomo, sui trent'anni, biondo, con gli occhiali*) Seggo? Ah no davvero! Ho bisogno d'andare a dormire, io, caro mio!

PAOLINO E io ti dico, invece, che te ne puoi scordare per oggi!

PULEJO Che?

PAOLINO Ho da parlarti d'una cosa gravissima!

PULEJO E vuoi che non vada a dormire? Tu sei matto!

PAOLINO Sei medico, sì o no?

PULEJO Ah. Hai forse bisogno della mia professione?

PAOLINO Sì, subito!

PULEJO E va bene: parla.

PAOLINO Parlo.. già! parlo... Ti dico che si tratta d'una cosa gravissima, e vuoi che ti parli così, su due piedi, mentre mi dici che hai sonno e che vuoi andare a dormire?

PULEJO Ma se ho sonno, scusa, c'è poco da dire: ho sonno! Ho diritto anch'io di dormire, dopo una notte di guardia, mi pare!

PAOLINO Ti faccio portare un caffè! due caffè!

PULEJO Ma che caffè! Parla piuttosto!

PAOLINO Oh, sai che faccio? M'arrampico, là su quello scaffale; mi butto giù; mi fratturo una gamba, e ti costringo a starmi attorno per una mezza giornata!

PULEJO Bravissimo! Mi costringerai a curarti la gamba; ma non parlerai.

PAOLINO Sì, sì, che parlerò, perdio!

PULEJO Parlerai; ma io non ti darei ascolto, perché dovrei curarti la gamba.

PAOLINO Ma non andrai a dormire!

PULEJO E che ci guadagnerai, scusa? Io perderò il sonno; tu ti fratturerai la gamba; e mezza giornata andrà perduta. Se invece mi lasci riposare un pajo d'ore...

PAOLINO Non posso! non posso! Non c'è tempo da perdere! Mi devi dare ajuto subito!

PULEJO Ma che ajuto? Di che si tratta insomma?

PAOLINO   Della mia vita, Nino! della mia vita, perché
– se tu non m'ajuti – sono un uomo finito, io: morto: da sotterrare! e non io solo! è in giuoco la vita di
quattro persone... no, no, di cinque anzi; sì, quasi di
cinque! Perché io, al punto in cui mi trovo, posso fare anche una carneficina!

PULEJO   Nientemeno!

PAOLINO   Sì, sì, te lo giuro! Nasce un macello, te lo
giuro!

PULEJO   Ma insomma, che cos'è? che t'è accaduto?

PAOLINO   Devi darmi un rimedio, subito, in mattinata!

PULEJO   Rimedio! Che rimedio?

PAOLINO   Non lo so! Lasciami dire...

PULEJO   Se dipende da me...

PAOLINO   Sì, un rimedio che forse tu solamente mi
puoi suggerire.

PULEJO   Ebbene, sentiamo.

Siede.

PAOLINO   M'ascolti bene?

PULEJO   Ma sì, perdio! Parla!

PAOLINO   Come a un fratello, bada! Ti parlo come a
un fratello. Anzi, no! il medico è come il confessore,
non è vero?

PULEJO   Certo. Abbiamo anche noi il segreto professionale.

PAOLINO   Ah, benissimo. Ti parlo allora anche sotto il
sigillo della confessione. Come a un fratello e come a
un sacerdote.

*Si posa una mano sullo stomaco, e con uno sguardo
d'intelligenza, aggiunge, solennemente:*

Tomba, oh!

PULEJO   (*ridendo*) Tomba, tomba, va bene! Avanti!

PAOLINO   Nino!

Sbarra tanto d'occhi, stende una mano e congiunge l'indice e il pollice quasi per pesare le parole che sta per dire:

Perella ha due case.

PULEJO   (*stordito*) Perella? E chi è Perella?

PAOLINO   (*prorompendo*) Perella il capitano, perdio!

Poi, piano, ricordandosi che di là ci sono i due scolari:

Perella della Navigazione Generale! capitano di lungo corso! il comandante del «Segesta»!

PULEJO   Va bene, sì. Ho capito. Il capitano Perella. Non lo conosco.

PAOLINO   Ah, non lo conosci? Tanto meglio! Ma tomba lo stesso, oh!

Con la stessa aria cupa e grave ripiglia:

Due case. Una qua, una a Napoli.

PULEJO   Fortunato. Due case. E poi?

PAOLINO   (*lo squadra; poi scomponendosi tutto nella rabbia che lo divora*) Ah, ti par niente? Un uomo ammogliato, e con figlio, che approfitta vigliaccamente del suo mestiere di marinajo e si fa un'altra casa in un altro paese, con un'altra donna, ti par niente? Ma sono cose turche, perdio!

PULEJO   Turchissime, chi ti dice di no? Ma a te, che te n'importa? Che c'entri tu?

PAOLINO   Ah, che me n'importa a me, tu dici?

PULEJO   Che è tua parente, la moglie di Perella?

Si sente picchiare ancora, forte, all'uscio in fondo.

LE VOCI DI GIGLIO e BELLI   Professore! Professore!

PAOLINO   (*scattando*) Ancora! Io faccio davvero uno sproposito, oggi!

Senza alzarsi, urla verso l'uscio in fondo:

Che altro avete?

LA VOCE DI BELLI   Abbiamo finito, professore!

LA VOCE DI GIGLIO   Apra! Qua si soffoca! Apra!

PAOLINO   Ancora un momento! Non è possibile che abbiate finito!

LA VOCE DI BELLI   Ma se abbiamo finito, scusi!

LA VOCE DI GIGLIO   Non respiriamo più, qua dentro! Apra!

PAOLINO   Non apro un corno! Correggete, e statevi zitti! L'ora non è finita.

Al dottor Pulejo:

Ah, non deve importarmene, tu dici, perché non è mia parente? E se fosse?

PULEJO   Ah, se è una tua parente...

PAOLINO   No! È una povera donna, che soffre pene d'inferno! Una donna onesta, capisci? tradita in un modo infame, capisci? dal proprio marito! C'è bisogno d'esser parente per sentirsene rimescolare, indignare, rivoltare?

PULEJO   Ma sì... sì... però non vedo che ci possa fare io, scusa...

PAOLINO   Se non mi lasci finire, sfido! Mi piace, intanto, codesta tua impassibilità, mentre io friggo. – Non vedi che friggo? Permetti?

Gli afferra una mano e gliela stringe fino a farlo gridare.

PULEJO   (*ritirando la mano*) Ahi! Oh, mi fai male! Sei matto?

PAOLINO   Ma per farti sentire com'è quando si parla degli altri! Li guardi da fuori, tu, gli altri; e non te n'interessi! Che cosa sono per te? Niente! Immagini

che ti passano davanti, e basta! Dentro, dentro bisogna sentirli; immedesimarsi; provarne... ecco, così...

*indica la mano che il dottore si liscia ancora, moven-
do le dita*

una sofferenza, facendola tua!

PULEJO   Grazie tante, caro! Mi bastano le mie! Ognu-
no, le sue. Ma sai che sei buffo davvero?

Ride guardandolo.

PAOLINO   Esilarante, eh, lo so! Esilarantissimo. Lo so.
La vista chiara, aperta, delle passioni – e siano anche
le più tristi, le più angosciose – ha il potere, lo so, di
promuovere le risa in tutti! Sfido! non le avete mai
provate, o usi come siete a mascherarle (perché siete
tutti foderati di menzogna!), non le riconoscete più
in un pover'uomo come me, che ha la sciagura di
non saperle nascondere e dominare! Sèntimi! Sèntimi, perdio! Dentro di te, sèntimi! Io
soffro!

PULEJO   Ma di che soffri? Eccomi! Sono qua! Se non
mi dici di che soffri! Mi parli della signora Perella...

PAOLINO   Ma appunto, sì, di lei!

PULEJO   Soffri della signora Perella?

PAOLINO   Sì, Nino mio! Perché tu non sai! tu non sai!
Lasciami dire. Quel caro capitano Perella, quel carissimo capitano Perella, non si contenta, capisci? di
tradire la moglie, d'avere un'altra casa, a Napoli, come ti dicevo, con un'altra donna. No! Ha tre o quattro figli là, con quella, e uno qua, con la moglie. Non
vuole averne altri!

PULEJO   Eh, cinque – mi pare che bastino!

PAOLINO   Ah così tu la pensi? Con la moglie ne ha
uno, uno solo! Quelli di là non sono legittimi; e se
ne ha qualche altro là con quella, può buttarlo via

come niente, in un ospizio di trovatelli, capisci? Invece, qua, con la moglie, no! D'un figlio legittimo non potrebbe disfarsi, è vero?

PULEJO Naturalmente...

PAOLINO E allora, brutto manigoldo, che ti combina? (Oh, dura da tre anni, sai, questa storia!) Ti combina che, nei giorni che sbarca qui, piglia il più piccolo pretesto per attaccar lite con la moglie, e la notte si chiude a dormir solo. Le sbatte la porta in faccia, capisci? ci mette il paletto; il giorno appresso, se ne riparte, e chi s'è visto s'è visto! Da tre anni – così.

PULEJO (*con una commiserazione da cui non riesce a staccare un sorriso*) Oh povera signora... – la porta in faccia?

PAOLINO In faccia... – e il paletto... – e il giorno dopo...

Gesto della mano per significare che se la fila.

PULEJO Povera signora, ma guarda!

PAOLINO Ah, così... E non sai dirmi altro?

PULEJO Che vuoi che ti dica? Non capisco ancora, scusa, che cosa ci possa fare io... Mi dispiace... mi duole...

PAOLINO E basta? Se fosse tua sorella, se Perella fosse tuo cognato e tu sapessi che tratta la moglie così...

PULEJO Ah, perdio! Lo piglierei per il collo!

PAOLINO Lo vedi? Lo vedi? Per il collo lo piglieresti!

PULEJO Sfido! Da fratello!

PAOLINO E se questa povera signora, fratelli, non ne ha? e non ha nessuno? nessuno, dico, che possa legittimamente prenderlo per il collo, questo signor capitano Perella, e richiamarlo ai suoi doveri di marito, si deve lasciar perire così una donna, senza darle ajuto? Ti pare giusto? ti pare onesto?

PULEJO Già... – ma tu?...

PAOLINO Io, che cosa?

PULEJO   Scusa... – come le sai tu, prima di tutto, codeste cose?

PAOLINO   Come le so!... Le so... le so... perché... sì, da... da un anno io... do lezione di... latino al ragazzo, al figlio di Perella, che ha undici anni.

PULEJO   (*comprendendo*) Ah... Era quella signora che è uscita di qua, poco fa, con un ragazzo?

PAOLINO   (*subito quasi saltandogli addosso*) Tomba, oh! Segreto professionale!

PULEJO   Ma sì, diavolo! Non dubitare.

PAOLINO   Per carità! La virtù in persona! E tu non puoi sapere, Nino mio, non puoi sapere quanta pietà m'ha inspirato, per tutte le lagrime che ha pianto, quella povera signora! E che bontà! che nobiltà di sentimenti! che purezza! Ed è pure bella! L'hai vista?

PULEJO   No... Col velo abbassato...

PAOLINO   È bella! Fosse brutta, capirei. È bella! Ancora giovane! E vedersi trattata così, tradita, disprezzata e lasciata in un canto, là, come uno straccio inutile... Vorrei vedere chi avrebbe saputo resistere! chi non si sarebbe ribellata! E chi può condannarla?

Quasi venendogli con le mani in faccia:

Tu oseresti condannarla?

PULEJO   Io no!

PAOLINO   Vorrei veder questa, che tu la condannassi!

PULEJO   Ma no! Se è vero che il marito la tratta così...

PAOLINO   Così! Così! Non metterai in dubbio, spero, la mia parola!

PULEJO   Ma nient'affatto!

PAOLINO   E allora, amico mio, dammi subito una mano per salvarla, perché questa donna si trova adesso come sospesa all'orlo d'un precipizio. Ajutami, ajutami, prima che precipiti giù! Bisogna salvarla!

PULEJO   Già... ma come?

PAOLINO   Come? E non intendi quale può essere il precipizio per lei, lasciata lì da tre anni dal marito? Si trova... si trova purtroppo...

PULEJO   (*lo guarda, crede di capire e non vorrebbe*) Che...?

PAOLINO   (*esitante, ma in modo da non lasciar dubbio*) Sì... in una... in una terribile situazione... disperata...

PULEJO   (*irrigidendosi e guardandolo ora severamente e freddamente*) Ah, no no, caro! Ah, non faccio di queste cose, io, sai? Non voglio mica aver da fare col Codice Penale, io!

PAOLINO   (*con uno scatto pieno di stupore e di sdegno*) Pezzo d'imbecille! E che ti figuri adesso? che ti figuri che io voglia da te?

PULEJO   Come, che mi figuro! Sono medico... e se mi dici che si trova...

PAOLINO   Pezzo d'asino! E per chi m'hai preso? Ma quella è una donna onesta! Quella, ti dico, è la virtù fatta persona!

PULEJO   E via... lasciamo andare!

PAOLINO   No! Senza lasciare andare! È così come ti dico!

PULEJO   Sarà! Ma scusa, non mi domandi...?

PAOLINO   (*incalzando*) Che ti domando? Vuoi che ti domandi un delitto? Una immoralità di questo genere, per lei e per me stesso? Mi credi un birbaccione capace di tanto? che chieda il tuo ajuto per... Oh, mi fa schifo, orrore, solo a pensarlo!

PULEJO   (*perdendo del tutto la pazienza*) Ma insomma: mi dici che corno vuoi, allora, da me? – Io non-ti-ca-pi-sco!

PAOLINO   (*imperterrito*) Quello che è giusto, voglio! Voglio quello che è onesto e morale!

PULEJO   Che cosa?

PAOLINO   (*a gran voce*) Che Perella sia un buon marito

– voglio! Che non sbatta più la porta in faccia alla moglie, quando sbarca qui! – Questo voglio!

PULEJO   E lo vuoi da me, questo?

Scoppia in una interminabile risata:

Ah! ah! ah! ah! E che pre... e che pre... e che pretendi... ohi ohi ohi... ah... ah... ah... pre... pretendi che costringa l'asino a bere per forza? ah! ah! ah!

PAOLINO   (*mentre il dottore seguita a ridere, guardandolo in bocca*) Che ridi, che ridi, animalone? C'è in vista una tragedia, e tu ridi? una donna minacciata nell'onore, nella vita, e tu ridi? E non ti parlo di me!

Risolutamente, stringendo le braccia al dottore:

Oh! Sai che avverrà?

Truce:

Perella, imbarcato da tre mesi, arriva questa sera. Passerà qui soltanto una notte. Questa notte. Ripartirà domani per il Levante, e starà fuori, per lo meno, altri due mesi. Hai capito ora? Bisogna assolutamente approfittare di questo giorno ch'egli passa qui, o tutto è perduto!

PULEJO   (*frenando a stento le risa*) Va bene, va bene; ma... ma io...

PAOLINO   Non ridere! non ridere, o ti strozzo!

PULEJO   Non rido, no!

PAOLINO   O anche ridi, ridi, se vuoi, della mia disperazione; ma dammi ajuto, per carità! Tu avrai un rimedio... – sei medico – tu avrai un mezzo...

PULEJO   Per impedire che il capitano prenda un pretesto d'attaccar lite questa sera con la moglie?

PAOLINO   Precisamente!

PULEJO   Per la morale, è vero?

PAOLINO   Per salvare quella povera martire e me! Seguiti a scherzare?

PULEJO   No – mi interesso, vedi? – Ma se questo capitano... – Scusa: quant'anni ha?

PAOLINO   Non so. Una quarantina.

PULEJO   Ah, ancora in gamba?

PAOLINO   Un bestione!

PULEJO   M'hai detto che torna da un viaggio di tre mesi?

PAOLINO   Già, sì; ma ha già toccato Napoli, capisci?

PULEJO   Ah... dove ha l'altra casa?

PAOLINO   Precisamente. – Manigoldo! – E fa sempre così!

PULEJO   Tocca prima Napoli?

PAOLINO   Napoli!

PULEJO   Bisogna che pensi allora questa sera – assolutamente – che ha una casa anche qui?

PAOLINO   Una moglie!

PULEJO   Che lo aspetta...

PAOLINO   (*avvertendo un sapor d'ironia nel tono del dottore e irritandosene*) Ah, senti! Vorresti discutere?

PULEJO   No! no! Dio me ne guardi! – Il torto è suo! – Ma ecco... c'è... c'è forse qualche... sì, dirò... qualche cosa di più...

PAOLINO   No: nient'affatto! non c'è altro che il suo torto, e le conseguenze di esso!

PULEJO   Già, ecco, sì... una conseguenza che forse avresti potuto...

PAOLINO   (*subito, interrompendo*) Ma chi l'ha voluto? – Né io, né lei! – Questo è positivo! – Ora, scusa: chi è imputabile? L'intenzione, è vero? Non il caso. – Se tu l'intenzione non l'hai avuta! – Resta il caso. – Una disgrazia! – Guarda: è come se tu avessi una terra, e la lasciassi abbandonata. – C'è un albero in questa terra, e tu non te ne curi. Come se fosse di nessuno! – Bene. Uno passa. – Coglie un frutto di quell'albero; se lo mangia; butta via il nocciolo. – Lo butti... così, per il solo fatto che hai colto quel frutto abbandonato. – Bene. Un bel giorno, da quel nocciolo là ti nasce un altro albero! – L'hai voluto? – No! – Né lo ha voluto la terra che ha ricevuto... così... quel nocciolo. – Scusa: l'albero che nasce a chi appartiene? – A te, che sei il proprietario della terra!

PULEJO   A me? – Ah no, grazie!

PAOLINO   (*lo investe subito, furibondo, afferrandolo per le braccia e scrollandolo*) E allora guàrdati la terra, perdio! guàrdati la terra! impedisci che altri vi passi e colga un frutto dall'albero abbandonato!

PULEJO   Sì, sì, d'accordo! – Ma tu dici a me, scusa! Io non c'entro! Questo lo farà il capitano!

PAOLINO   E deve farlo! deve farlo! – Ma tu dici che lo farà?

PULEJO   Dio mio, procureremo di farglielo fare...

PAOLINO   (*baciandolo con veemente effusione di gratitudine e d'ammirazione*) Nino, sei un dio! – Ma di', di': come? come?

PULEJO   Come... Aspetta...

Pausa. Sta a pensare.

Dimmi un po': mangia in casa il signor capitano?

PAOLINO   In casa, sì... verso le sei, appena sbarcato. Sono anch'io invitato a tavola.

PULEJO   Ah, bene. – E allora... – sì, dico, tu non ci andrai così, suppongo, a mani vuote.

PAOLINO   Perché? – Ah, ho promesso di portare al ragazzo un po' di paste.

PULEJO   Benissimo!

Troncando:

Senti: va' a comperare codeste paste.

PAOLINO   (*non comprendendo ancora*) Come? Perché? E tu?

PULEJO Le porti in farmacia, da mio fratello Totò.

PAOLINO Ma tu che vuoi fare?

PULEJO Aspettami là in farmacia. Il tempo almeno di lavarmi la faccia, santo Dio! M'hai fatto perdere il sonno!

PAOLINO Ah no, sai! Non ti lascio, Nino! non ti lascio! Se prima non mi dici...

PULEJO Che vuoi che ti dica, scusa? Ti dico d'andare a comperar le paste, e dammi intanto la chiave di casa mia.

PAOLINO Ma le paste sono per il ragazzo.

PULEJO Va bene. Ma ne offrirai anche alla signora, suppongo, e anche al signor capitano.

Lo guarda con intenzione:

Mi spiego?

PAOLINO Le paste?

PULEJO Ma sì, via! Lascia fare a me. Dammi la chiave.

PAOLINO No! Non te la do! Tu ti butti a dormire...

PULEJO Ma no, fidati! Il sonno m'è passato.

PAOLINO Làvatela qua da me, la faccia.

PULEJO Andiamo, via! Mi sembri un ragazzino! Da', da'...

PAOLINO (*dandogli la chiave*) Eccola qua. Mi fido di te, bada! Bada, Nino, ne va della vita!

Riassalito da un dubbio angoscioso:

Ma che vuoi fare con queste paste?

PULEJO Ti dico di lasciar fare a me!

PAOLINO Ah, sì? – Puoi... puoi con... con la scienza?

Riprendendosi, con scatto di sdegno:

Ah Dio, questo! io, questo!

PULEJO Che cos'è?

PAOLINO Che cos'è... che cos'è... – Ti pare forse che

io, quello che io sono, sia tutto qua, in questo caso
per cui ti domando ajuto? Io, io, domandare ajuto,
per questo, alla scienza, – io! – a te, che della scienza... sì, ti servi per campar la vita – mentre io l'amo
disinteressatamente, la scienza! la venero a costo di
tanti sacrifizi!

PULEJO   Oh sai? se ti paresse di profanarla...

PAOLINO   No! Intendimi! Io dico, esser costretto a ri-
correre..

Sbuffa:

Ufff... Tutte le viscere mi si torcono dentro, credi!
Esser preso così... senza saper come... – per niente...
– per un po' di pietà verso una donna che vedi piangere e che non te ne vuol dire, in prima, il perché...
Tu la forzi a dirtelo... La... la conforti... oggi... domani... E... e poi... sissignore, ti trovi stretto così –
per la feroce e beffarda crudeltà d'un manigoldo, ecco qua – in una necessità come questa – buffa, sì, ti
pare che non lo senta? Tu ne ridi... ne hai riso...

PULEJO   Eh, veramente... Ma no!

PAOLINO   Ma sì! ma sì! E t'ho fatto ridere io – perché
voglio...

PULEJO   Che il capitano faccia il suo dovere di marito...

PAOLINO   Perché non posso voler altro – tu lo capisci!

PULEJO   La morale, la morale, sì...

PAOLINO   Ma non la mia! La vostra! Come la volete
voi! Perché io, invece, lo ucciderei – e ti giuro, sai,
che lo uccido, io! – se non fa l'obbligo suo, questo signor capitano! – Tu devi sentirlo veramente, perdio,
che sono un uomo onesto, io, e che me la sposerei,
io, se stesse in me, quella signora, subito, per ripa-
rare!

PULEJO   Sì, sì... Ma andiamo; non discutiamo più,
adesso...

PAOLINO   Andiamo, sì, andiamo. – L'uccido, ti giuro!

PULEJO   Ma no! speriamo che non ce ne sarà bisogno.

PAOLINO   Di': venti basteranno?

PULEJO   Che cosa?

PAOLINO   Venti paste?

PULEJO   Uh, anche troppe!

PAOLINO   Ne compro trenta, sai? trenta, quaranta...

*Si avvia con Pulejo, e sta per uscire, quando scoppia
un gran fracasso all'uscio in fondo tra grida altissime.*

LE VOCI DI GIGLIO e BELLI   Professore! Professore!
Apra, perdio! Ci lascia qua?

PAOLINO   (*al dottore*) Ah, già... Aspetta!... Gli scolari... Chi ci pensava più?

Corre ad aprire l'uscio.

GIGLIO e BELLI   (*vengono fuori scapigliati, con le facce
congestionate, furibondi, scaraventando per terra libri e
dizionari e protestando a coro*)
– Questa è soperchieria! prepotenza!
– Siamo asfissiati!
– Non verremo più!

PAOLINO   (*correndo a placarli*) Abbiate pazienza! abbiate pazienza!

Tela

ATTO SECONDO

*Tinello in casa del Capitano Perella. Veranda in fondo,
con ampia vista sul mare. Due usci laterali a sinistra:
quello prossimo al proscenio è la comune; l'altro dà nella
camera da letto del Capitano. Tra un uscio e l'altro un
portafiori con cinque vasi bene in vista. Lateralmente a*

destra, un altro uscio, vetrine con stoviglie da tavola, cre-
denza, e poi divano con, sulla spalliera, uno specchio; pol-
trone, un tavolinetto. La tavola è apparecchiata in mezzo,
con cura, per quattro. Alla parete, quadri rappresentanti
marine, vecchie fotografie, e qua e là oggetti esotici, ricor-
di dei viaggi del Capitano Perella. Lo stesso giorno del pri-
mo atto. Pomeriggio. A poco a poco si farà sera e, sul fini-
re dell'atto, entrerà dalla veranda un bel chiaro di luna.

SCENA·PRIMA
Il SIGNOR PAOLINO, NONÒ, *poi* GRAZIA.

Il signor Paolino, seduto al tavolinetto con Nonò ac-
canto sfoglia un quaderno di versioni latine e segna
con un lapis rosso e turchino i voti sotto ogni ver-
sione.

PAOLINO   E qua possiamo segnare un bel nove.
NONÒ   Un altro nove?

Batte le mani, esultante.

Che bellezza? E così fanno: tre otto, un dieci e due
nove!
PAOLINO   Sì, e tu lo mostrerai a papà, appena arriva,
questo quaderno.
NONÒ   Eh altro! eh altro!

Si mette a fare un conto sulle dita.

PAOLINO   Perché – bada, Nonò! – devi far di tutto
quest'oggi per lasciar contento papà...
NONÒ   *(senza badargli, seguitando a contare)* Sì... sì...
PAOLINO   *(seguitando)* E non dargli il minimo pretesto
d'inquietarsi! Ma che conti stai facendo?
NONÒ   Aspetta... Tre

e si tiene con la destra tre dita della mano sinistra

poi quattro e cinque

    e mostra le cinque dita della sinistra

sei e sette

    e mostra l'indice e il pollice della destra

otto, nove e dieci.

    E mostra a uno a uno le altre tre dita della destra.

Mezza lira! mezza lira!

PAOLINO   Che vuol dire mezza lira?

NONÒ   Ma sì, mezza lira! Che bellezza! Perché papà mi dà un soldo per ogni otto: sono tre: tre soldi, dunque. Poi due soldi per ogni nove: sono due: quattro soldi. Tre soldi per ogni dieci. Dunque: tre e quattro, sette; e tre: dieci, che fanno mezza lira!

PAOLINO   Ah, benissimo! Sei contento?

NONÒ   Eh, io sì! Figùrati! Ma lui no!

PAOLINO   (*restando male*) Come come? Lui non sarà contento?

NONÒ   Eh no... Prima mi dava tre soldi per ogni nove e cinque per ogni dieci. Ma poi, visto che tu li semini gli otto, i nove e i dieci...

PAOLINO   Ah sì? t'ha detto così? che io li semino?

NONÒ   Sì, ha preso il quaderno, l'ultima volta, e l'ha buttato all'aria... così

    eseguisce con sprezzo

gridando: Ma perdio, li semina questo professore, gli otto, i nove e i dieci...

PAOLINO   E s'è arrabbiato?

NONÒ   Tanto! E ha ribassato la tariffa!

PAOLINO   (*subito*) Ah, ma allora...

riprende il quaderno e ritorna a sfogliarlo in furia

aspetta... aspetta, Nonotto mio... ribassiamo noi subito i punti... segnamo cinque... segnamo sei... segnamo sette...

NONÒ   (*con un grido, come se si sentisse strappare un dente*) Come! No! E la mezza lira?

PAOLINO   Ma te la darò io, Nonò! Ecco... ecco...

cava la borsetta dal taschino

te la do io... te la do io...

NONÒ   No... no...

PAOLINO   Ma sì, figliuolo mio! M'immaginavo che papà dovesse esserne contento! Se mi dici che s'arrabbia, invece! Ecco, prendi... Per te è la stessa cosa che te la dia io o che te la dia papà, non è vero?

NONÒ   (*pestando i piedi*) No, no: io voglio i tre otto, i due nove e il dieci!

PAOLINO   Ma non te li meriti, in coscienza, figliuolo mio! Non te li meriti proprio!

NONÒ   E perché allora me li davi?

PAOLINO   Ma perché... perché non sapevo che costassero soldi e un dispiacere a papà! Non dobbiamo far dispiacere a papà, Nonò! E oggi, oggi dobbiamo esser lieti tutti! Anche tu, con la tua mezza lira, che ti dà in premio, di nascosto, il tuo professore – (oh, non dirne nulla a papà, bada!) – te la do, perché se non ti meriti i nove e i dieci, un premio pure te lo meriti per i progressi che fai...

NONÒ   Come mi hai scritto nel libro?

PAOLINO   Ecco, sì... benissimo! Come ti ho scritto nel libro.

Entra Grazia dalla comune. È una vecchia dalla burbera faccia cavallina.

GRAZIA   La signora non c'è?

PAOLINO   (*indicando l'uscio a destra*) La signora credo sia di là, Grazia.

GRAZIA   E allora ci vada lui

indica Nonò

ad avvertirla che è arrivato il marinajo.

NONÒ   (*subito, scattando*) Il marinajo? È arrivato papà! Vado a bordo! vado a bordo!

S'avvia correndo per la comune.

PAOLINO   No, che fai, Nonò? Vieni qua! Bisognerà prima avvertirne la mamma.

NONÒ   La mamma lo sa! lo sa!

Fa per uscire.

PAOLINO   Férmati, ti dico!

A Grazia:

Andate voi, vi prego, ad avvertir la signora.

NONÒ   Ma se lo sa, Dio mio!

GRAZIA   (*andando a picchiare all'uscio a destra, borbotta*) Quante storie! quante storie!

Picchia all'uscio e, senza neanche aspettar la risposta, entra.

SCENA SECONDA
DETTI, *la* SIGNORA PERELLA, *il* MARINAJO.

NONÒ　(*che s'è fermato presso la comune, grida verso l'interno*) Marinajo! Marinajo! vieni qua!

MARINAJO　(*entrando subito*) Eccomi qua!

Si piega sulle gambe e apre le braccia per ricevere sul petto Nonò, che spicca un salto e gli s'appende al collo.

Ah! Viva l'ammiraglio!

NONÒ　Portami da papà! Subito subito!

Entra dall'uscio a destra la signora Perella abbigliata con una certa cura straordinaria che la fa apparire più goffa.

MARINAJO　(*a Nonò che gli sta in braccio*) Aspettiamo che ce lo dica la mamma!

Si toglie il berretto.

Ai comandi, signora!

SIGNORA PERELLA　È già entrato in porto il vapore?

MARINAJO　Stava per entrare, signora. A quest'ora sarà entrato!

NONÒ　E andiamo allora subito! Voglio veder la manovra!

MARINAJO　Eh, durerà un pezzo, prima che abbassino la scala!

SIGNORA PERELLA　Mi raccomando, per carità, Nonò! Lo affido a voi, Filippo!

MARINAJO　Non dubiti, signora! Al vecchio Filippo può affidarlo! A rivederla! Andiamo, ammiraglio!

Via per la comune con Nonò in braccio.

SCENA TERZA

La SIGNORA PERELLA *e il* SIGNOR PAOLINO.

PAOLINO   (*appena andati via Nonò e il Marinajo, voltandosi verso la signora Perella, pudicamente afflitta nel goffo impaccio del suo straordinario abbigliamento*) Ma no! ma no, cara! no! Come ti sei combinata? Così, no!

SIGNORA PERELLA   Mi... mi sono acconciata...

PAOLINO   Ma che acconciata! No! Ci vuol altro!

SIGNORA PERELLA   (*guardandosi addosso*) Perché?

PAOLINO   Ma perché così no! non va!

SIGNORA PERELLA   Più di così? Dio sa quanto m'è costato!

PAOLINO   Lo vedo! Ma così non va, anima mia! Tutto dipenderà, forse, dal primo incontro! A momenti egli arriva... Ti deve trovar piacente! Ora così non va... Capisco, capisco che ti dev'esser costato! Ma ancora non basta!

SIGNORA PERELLA   Oh Dio! E come allora?

PAOLINO   È enorme, sì, anima mia, lo intendo, enorme il sagrifizio che devi compiere, tu casta, tu pura, per renderti appetibile a una bestia come quella! Ma bisogna che tu lo compia, intero!

SIGNORA PERELLA   (*esitante, con gli occhi bassi*) Più... più scollata?

PAOLINO   Più! sì, più! molto, molto più!

SIGNORA PERELLA   No, no... Dio mio...

PAOLINO   Sì! Per carità! Tu hai grazie, tesori di grazia nel tuo corpo, che tieni gelosamente, santamente custoditi. Bisogna che tu ti faccia un po' di violenza!

SIGNORA PERELLA   No, no... Dio, Paolino, che mi dici? Sarebbe inutile poi, credi! Non ci ha mai badato!

PAOLINO   Ma dobbiamo appunto forzarlo a badarci! forzarlo, quest'animale che non capisce la bellezza modesta, pudica, che nasconde i suoi tesori di grazia! Presentarglieli, ecco – lascia fare a me – metterglieli sotto gli occhi, almeno un po'...

Appressandosi con le mani avanti:

Guarda... così, permetti?

SIGNORA PERELLA   (*arretrando, spaventata, e con ribrezzo riparandosi il seno*) Ma no! Li sa, Dio mio, Paolino!

PAOLINO   (*incalzando*) Ricordarglieli!

SIGNORA PERELLA   (*c.s.*) Ma se non se ne cura!

PAOLINO   Lo so; ma perché tu, anima mia – e questo è il tuo pregio, bada, per me! quello per cui io ti ho cara e ti stimo e ti venero! – codesti tesori, tu, non hai saputo mai farli valere...

SIGNORA PERELLA   (*quasi inorridita*) Farli valere? E come?

PAOLINO   Come? Vedi, tu non te l'immagini neppure, come! Eh, altro! Tante lo sanno bene!

SIGNORA PERELLA   (*c.s.*) Ma che fanno? come fanno?

PAOLINO   Niente. Non... non nascondono così, ecco! E poi... Via, non farmi disperare! Credi che costi a te soltanto, del resto? Costa anche a me, perdio, predisporti, acconciarti perché tu possa piacere a un altro!

alzando le braccia al cielo

preparare la virtù, Dio, per comparire davanti alla bestia! Ma bisogna, per la tua salvezza e per la mia! Lasciami fare! Non abbiamo più tempo da perdere. Prima di tutto, via codesta camicetta! È funebre! Viola, colore deprimente! Una rossa, che strilli!

SIGNORA PERELLA   Non ne ho!

PAOLINO   E allora quella di seta giapponese, che ti sta tanto bene!

SIGNORA PERELLA   Ma è accollata...

PAOLINO   Scòllala! In nome di Dio, scòllala! Non ci vuol nulla... Ripieghi in dentro i due lembi, qua da-

vanti; ci appunti su, giro giro, un merletto... Ma
àprila bene, mi raccomando!... molto, molto! almeno
fin qua...

> *Indica sul seno di lei, molto giù.*

SIGNORA PERELLA   (*inorridita*) No! Tanto?

PAOLINO   Tanto! Tanto! Da' ascolto a me!

SIGNORA PERELLA   (*c.s.*) Ma tanto, no!

PAOLINO   Tanto, sì; se no, ti dico che è poco! E pètti-
nati un po' meglio, per carità! con qualche ricciolino
sulla fronte. Uno lungo, qua, in mezzo alla fronte, a
gancio! E due altri qua, che s'allunghino sulle gote, a
gancio!

SIGNORA PERELLA   (*c.s. non comprendendo*) A gancio?
Oh Dio, come a gancio? Perché?

PAOLINO   Perché sì! Da' ascolto a me! Non farmi per-
der tempo in spiegazioni! A gancio è così,

> *glielo mostra col dito, contraendolo*

insomma, come un punto interrogativo sottosopra!
Uno qua; uno qua, e uno qua...

> *Indica la fronte, poi la guancia destra, poi la sinistra.*

Se non sai farteli, te li faccio io! Vai, vai, cara...

> *La spinge verso l'uscio a destra.*

E scolla, scòllala molto, la camicetta! Io intanto esa-
mino qua la tavola se non ci manca nulla per il pasto
della belva!

*La signora Perella esce per l'uscio a destra, lasciando-
lo aperto. Paolino si reca alla tavola apparecchiata in
mezzo; la esamina, aggiusta qua e là, posate, bicchieri.*

PAOLINO   (*eseguendo*) Così... così... così... E quella marmotta di Totò, intanto, che ancora non viene! Mi disse fra cinque minuti... eccoli qua, i cinque minuti del signor farmacista! Un'ora! è passata un'ora!

SIGNORA PERELLA   (*dall'interno, strillando*) Ahi!

PAOLINO   (*accorrendo davanti all'uscio*) Che hai fatto?

SIGNORA PERELLA   Mi sono punta un dito, con lo spillo!

PAOLINO   Ti esce sangue?

SIGNORA PERELLA   No. Non ne ho più nemmeno una goccia nelle vene!

PAOLINO   Eh, lo so! E dovresti averne tanto, anima mia, per dare un po' di colore alle tue guance bianche!

SIGNORA PERELLA   M'ajuterà la vergogna, Paolino!

PAOLINO   Non ci contare! Hai tanta paura, che la tua vergogna non avrà nemmeno il coraggio d'arrossire! Ma ho qua l'occorrente: non temere! L'ho portato con me.

Trae di tasca una scatoletta di belletto e altri oggetti per la truccatura e li depone sul tavolinetto.

Ho qua tutto. Dico di quell'imbecille di Totò che non mi porta ancora le paste! Sono sulle spine. A fidarsi! Se non fa a tempo! Ma mi disse: Vai, fra cinque minuti sarò da te...

SIGNORA PERELLA   (*dall'interno, piangendo*) Dio... Dio... Dio...

PAOLINO   Che cos'è? Un'altra puntura? Piangi?

Guarda all'interno della soglia e arretra.

Ah! È spaventoso! Apre di nuovo la bocca!

SIGNORA PERELLA   (*c.s., in un gemito*) Che avvilimento... che avvilimento...

SCENA QUARTA

DETTO, GRAZIA *e il* SIGNOR TOTÒ.

Si sente picchiare all'uscio a sinistra.

GRAZIA (*dall'interno*) Permesso?

PAOLINO Avanti.

GRAZIA (*entrando, con voce sgarbata*) C'è un signore con un involto, che domanda di lei.

PAOLINO Ah, Totò... meno male! Fatelo, fatelo entrare.

GRAZIA Qua?

PAOLINO Qua, sì... se non vi dispiace...

GRAZIA Ma che vuole che mi dispiaccia, a me! Se dice qua, lo faccio entrare qua, e basta!

PAOLINO Ecco, sì... qua... scusate...

GRAZIA Oh, quante storie!

Esce.

PAOLINO Ingozziamo, Paolino!

Poi, recandosi in fretta a chiudere l'uscio a destra, annunzia verso l'interno:

Le paste! le paste!

TOTÒ (*dall'interno*) Permesso?

PAOLINO Vieni, vieni avanti, Totò. Cinque minuti, eh?

Il signor Totò entra tenendo nascosto dietro le spalle un involto.

TOTÒ Abbi pazienza: cosa delicata, Paolino. C'è pure di mezzo la mia responsabilità, capirai... quella di mio fratello... Qua c'è un innocente...

PAOLINO (*investendolo*) Un innocente? Chi? chi è l'in-

nocente? Ah, tu vieni a dire a me che qua c'è un innocente? Lui, l'innocente? Quando siamo tutti qua,
anche tu, per costringerlo a fare il suo dovere, nien-
t'altro che il suo dovere, a costo di farmi scoppiare il
cuore, dalla rabbia, dall'angoscia, dalla disperazione!
Uno come me, che non ha mai finto, che ha gridato
sempre in faccia a tutti la verità, costretto a usare un
inganno di questo genere, col concorso d'un imbecille come te!

TOTÒ   Ma no! Che pensi? Io dicevo per il ragazzo,
Paolino! Non c'è un ragazzo qua, scusa?

PAOLINO   Ah, tu parlavi del ragazzo?

TOTÒ   Ma sì, del ragazzo. Se dico un innocente,
scusa...

PAOLINO   Scusami, scusami tu, allora! Scusami, caro...
Sono in uno stato d'animo... Hai portato intanto ciò
che dovevi portarmi?

TOTÒ   Ecco, ti volevo dire appunto... Essendoci un ragazzo... – tu capirai – ho pensato... se Dio liberi...

PAOLINO   (*comprendendo*) Già... già... sì...

TOTÒ   E non ho voluto... non ho voluto assolutamente...

PAOLINO   (*restando*) Come! Non hai voluto? E che hai
fatto allora?

TOTÒ   Delle paste? Me le sono mangiate.

PAOLINO   Tu? Te le sei mangiate tu? Quaranta paste?

TOTÒ   Metà. E metà le ho conservate per mio fratello,
stasera.

PAOLINO   Come! E allora? Che mi hai portato?

TOTÒ   Eh, non ci hai perduto nulla, non temere! Ci
hai guadagnato, anzi!

Mostrandolo:

Un bel pasticcetto di crema, squisito.

PAOLINO   Da leccarmene le dita, già! Perché difatti sarà un festino per me!

TOTÒ   No, non dico questo; non t'arrabbiare! Dico per spiegarti il ritardo. Ho dovuto prepararlo... Guarda...

Lo posa sul tavolinetto e apre l'involto.

PAOLINO   Ma... Oh!

E gli fa un cenno d'intelligenza.

TOTÒ   Non dubitare!

Lo mostra:

Condizionato a meraviglia, perché non si possa sbagliare. Vedi? Metà bianco... e questa metà è per il ragazzo... per te, se vorrai mangiarne. E metà nero, crema di cioccolato! Niente al ragazzo, di questa! mi raccomando! Sta' attento, veh!

PAOLINO   La nera, sì, va bene! Ma...

Cenno come sopra.

TOTÒ   Non dubitare!

PAOLINO   Bene. Vai, vai, allora, amico mio! È già tardi! Il vapore è arrivato! Vai, vai... E speriamo! Speriamo bene!

TOTÒ   Stai sicuro!

PAOLINO   Come vuoi che stia sicuro!

Subito, staccando:

Oh, tomba, siamo intesi!

TOTÒ   Puoi dubitare di me?

PAOLINO   Mi sei amico... E il caffè te lo darò ogni mattina, sai? Puoi contarci. Vàttene! Vàttene!

TOTÒ   Sì, sì, grazie. Addio, Paolino.

Esce per l'uscio a sinistra.

PAOLINO (*va a prendere il pasticcio per collocarlo, con solennità sacerdotale in mezzo alla tavola, altare della Bestia, e tenendolo prima sollevato come un'ostia consacrata*) Oh, Dio, fa' che valga! fa' che valga! La sorte d'una famiglia, la vita, l'onore d'una donna, Dio, la mia stessa vita, tutto è sospeso qui!

SCENA QUINTA
La SIGNORA PERELLA *e* DETTO.

La signora Perella rientra dall'uscio a destra più che mai vergognosa, con le spalle voltate verso Paolino, il capo basso, gli occhi a terra, ambo le mani parate a nascondere il seno. È scollatissima, e s'è fatti i ricci a gancio, uno in mezzo alla fronte; gli altri due alle gote.

SIGNORA PERELLA Paolino...
PAOLINO (*accorrendo*) Ah! Hai fatto? Brava, brava... Làsciati vedere!
SIGNORA PERELLA (*schermendosi*) No... no... Muojo di vergogna... no...
PAOLINO Ma che vorresti stare così davanti a lui? E allora perché ti sei scollata? Via, giù codeste mani!
SIGNORA PERELLA (*c.s.*) No... no...
PAOLINO Ma non capisci che bisogna che egli veda?

La signora Perella si reca allora le mani al volto, sollevando di qua e di là le braccia per scoprire abbondantemente il seno imbandito.

SIGNORA PERELLA Èccoti, èccoti...
PAOLINO Ah... be... benissimo... sì... be... benissimo...

*Se non che, la signora Perella, col volto così nasco-
sto, scoppia in pianto.*

Che? Piangi? Ma no! Piangi? E brava, sì! Piangi
adesso! Sciùpati anche gli occhi!

Subito, intenerendosi e abbracciandola:

Anima mia, anima mia, perdonami! credi, soffro più
di te, più di te, di codesto tuo strazio, che dev'essere
atroce! M'ucciderei, credi, m'ucciderei per non veder codesto spettacolo della virtù che deve prosti-
tuirsi così! Su, su... È il tuo martirio, cara! Bisogna
che tu lo affronti con coraggio! E tocca a me di far-
telo, il coraggio!

SIGNORA PERELLA   Giovasse almeno!

PAOLINO   Così no, di certo! Devi persuadertene! Così
non giova a nulla! No! Sorridente... sorridente, cara!
Pròvati, fòrzati a sorridere!

SIGNORA PERELLA   E come, Paolino?

PAOLINO   Come? Ecco... così... guarda...

Sorride a freddo, smorfiosamente.

SIGNORA PERELLA   Ma non posso, così...

PAOLINO   Sì... sì... Ecco... guarda... Che vuoi che ti
faccia per farti ridere? qualche piccolo lezio da
scimmia?

Eseguisce:

Ecco, vedi?... sì, sì... così, eh? sì!... ridi! Mi gratto...
eh eh...

*La signora Perella ride tra le lacrime d'un riso con-
vulso.*

Ridi... sì... brava, così... ridi! E guarda, ora mi butto
per terra, eh?... così, gattone!

Eseguisce e la convulsione di riso della signora Perel-
la cresce.

Brava, così!... ridi... ridi... ridi... E ora faccio salti
da montone!

Eseguisce e la convulsione della signora arriva fino
allo spasimo.

Viva la bestia! viva la bestia!

SIGNORA PERELLA   (*mentre Paolino seguita a saltare co-*
me un montone, torcendosi dalle risa) Basta... per carità... non ne posso più... non ne posso più...

E trapassa subito dal riso a un pianto disperato.

PAOLINO   (*cessando subito di saltare e accorrendo, frene-*
tico) Come! ti rimetti a piangere? Ridevi così bene!
Ah è la disperazione, lo so. Su, su, basta! Finiscila,
perdio! Mi fai impazzire!

In preda a una frenesia crescente, la scrolla con rab-
bia e la rimette su a forza, come un fantoccio che tra
le mani gli caschi a pezzi.

Mi fai impazzire! Su! stai su! zitta! Voglio che stia
zitta e su! Così! così! Ti debbo dipingere!

SIGNORA PERELLA   (*stordita dagli scrolloni, atterrita, sba-*
lordita) Dipingere?

PAOLINO   Sì!

La fa sedere su una seggiola a un lato del tavolinetto,
con le spalle al pubblico.

Asciùgati bene gli occhi! Le guance! Sei pallida! sei
smorta! Come vuoi che la bestia capisca la finezza
del bello delicato, la soavità della grazia malinconica? Ti dipingo! Alza la faccia... così.

Gliela alza.

SIGNORA PERELLA   (*come un automa, rimanendo con la faccia alzata, mentre Paolino prende dal tavolinetto gli oggetti per la truccatura*) Ah Dio, fa' di me quel che vuoi...

PAOLINO   (*cominciando a imbellettarla, a bistrarla, sulle gote, negli occhi, alla bocca, con spaventosa esagerazione*) Ecco, aspetta. Prima le guance... Così!... così!... Per lui, che non capisce altro, devi essere come una di quelle!... Così!... La bocca, adesso!... Dov'è il cinabro?... Qua, ecco... Schiudi un po' le labbra... Ecco, aspetta... così... Non piangere, perdio! Sciupi ogni cosa! Così... così... Gli occhi, adesso! Devo annerirti gli occhi... Ci ho tutto qua... ci ho tutto... Chiudi gli occhi, chiudi gli occhi... Ecco... così... così... così... E ora ti rafforzo col lapis le sopracciglia... Così... così... così. Làsciati vedere adesso!

La signora Perella quasi stralunata, è rimessa in piedi, e mostra il volto spaventosamente dipinto, come quello d'una baldracca da trivio.

PAOLINO   (*come ubriacato dall'orgasmo, con grottesca aria di trionfo*) E ora mi dica il signor capitano Perella, se vale di più quella sua signora di Napoli!

SIGNORA PERELLA   (*dopo essere rimasta lì un pezzo, esposta come uno sconcio pupazzo da fiera, si alza e si reca a guardarsi allo specchio sul divano, inorridita*) Oh Dio!... Sono uno spavento!

PAOLINO   Sei come devi essere per lui!

E intanto si mette a nascondere gli oggetti da truccatura.

SIGNORA PERELLA   Ma non sono più io!... Non mi riconoscerà!...

PAOLINO   Non deve più riconoscerti, difatti! Deve vederti così!

SIGNORA PERELLA   Ma è una maschera orribile!

PAOLINO   Quella che ci vuole per lui!

SIGNORA PERELLA   (*con strazio*) E Nonò?... Nonò?... Io sono una povera madre, Paolino!

PAOLINO   (*intenerendosi fino alle lagrime, abbracciandola*) Sì, sì... hai ragione, povera anima mia, sì! hai ragione! Ma che vuoi farci? Ti vuole lui, così. Non ti vuole madre! E tu la darai a lui, codesta maschera, alla sua bestialità! Sotto di essa, sei poi tu, che ne spasimi; tu come sei per te stessa e per me, cara! E tutto il nostro amore!

SCENA SESTA

DETTI, NONÒ, *il* CAPITANO PERELLA, *poi* GRAZIA.

Dall'interno si sente la voce di Nonò che grida, accorrendo.

LA VOCE DI NONÒ   Ecco papà! ecco papà!

PAOLINO   (*staccandosi subito dall'abbraccio e allontanandosi dalla signora Perella*) Eccolo! Mi raccomando!

SIGNORA PERELLA   Oh Dio... Oh Dio...

PAOLINO   Sorridente! Sorridente, cara! Sorridente!

NONÒ   (*dall'interno ancora, riprende a gridare*) È arrivato pa...

quando un soave calcio del Capitano lo accompagna sulla scena, troncandogli in bocca la parola.

Spunta il Capitano Perella che ha l'aspetto d'un enorme sbuffante cinghiale setoloso.

PERELLA   (*a Nonò accompagnando il calcio, che gli appioppa dietro*) E zitto, che non ho bisogno di trombettieri!

SIGNORA PERELLA   *(con un grido, ricevendo Nonò tra le braccia)* Ah! Nonò mio!

PAOLINO   Ti sei fatto male, Nonotto?

PERELLA   Non s'è fatto nulla! Mio padre, caro professore, quando avevo poco più di sei anni, per punirmi di non avere ancora imparato a nuotare, sa che fece? m'afferrò per la cuticagna e mi buttò a mare, vestito, dalla banchina del molo, gridando – «O morto, o nuotatore!»

PAOLINO   E lei non morì!

PERELLA   Imparai a nuotare! Questo per dirle, che non sono d'accordo con lei circa al metodo, caro professore. Troppo dolce è lei, troppo dolce!

PAOLINO   Dolce? io? Ma no, scusi, perché? Anch'io, creda, all'occorrenza...

PERELLA   Che occorrenza! che occorrenza! Tempra, tempra ci vuole! Le dico che lei è troppo dolce, e me lo vizia, me lo vizia, quel ragazzo là.

PAOLINO   *(subito, con calore)* No! Ah no! scusi... questo no, questo non me lo deve dire, signor capitano, perché il vero guajo qua, se vuol saperlo, è un altro; e lei avrebbe già dovuto capirlo da un pezzo!

PERELLA   La madre?

PAOLINO   No, non la madre! Viene di conseguenza, scusi, che il ragazzo si vizii: è figlio unico!

PERELLA   Ma niente affatto! Che unico! Lo dice lei!

PAOLINO   Come, scusi, non è unico?

PERELLA   *(forte, riscaldandosi)* Bisogna saperlo educare!

PAOLINO   Sì! certo... ma se fossero due!

PERELLA   *(infuriandosi, col sangue agli occhi)* Non lo ridica neanche per ischerzo, sa! Neanche per ischerzo! Ne ho d'avanzo d'uno!

PAOLINO   *(subito, rimettendosi)* Non si inquieti... non si inquieti, per carità! Dicevo... dicevo per scusarmi...

PERELLA   Un altro figlio! Starei fresco, starei...

Mentre si svolge questo dialogo tra Perella e il signor Paolino, dietro, se ne svolge un altro, muto, tra Nonò e la madre. Nonò, finendo di piangere, vedendo la madre, subito s'è arrestato con gli occhi e la bocca sbarrati nello scorgerla conciata a quel modo. La madre, allora, ha congiunto pietosamente le mani per pregarlo di non gridare il suo spavento e il suo stupore; poi, assalita dalla solita contrazione viscerale, ha spalancato la bocca come un pesce e s'è recato subito il fazzoletto alla bocca, lasciando Nonò sbigottito a scuotere le manine per aria.

PERELLA (*come pentito chiamando*) Qua, Nonò!

Si volta, scorgendolo nell'atto di scuotere le manine.

Oh! e che fai?

Guarda verso la moglie.

Che cos'è?

Scorgendola così dipinta e scollata:

Oh! e come... tu?...

Scoppia in un'interminabile, fragorosa, faticosissima risata, durante la quale il signor Paolino, alle sue spalle, serra le pugna, convulso; le apre, artigliate, per la tentazione di saltargli addosso e strozzarlo; mentre la signora Perella, avvilita, mortificata, atterrita, guarda a terra.

Come ti... come ti sei impiastricciata? ah! ah! ah! ah! una bertuccia... ah! ah! ah! ah!... una bertuccia vestita, sull'organetto... parola d'onore!

Le s'appressa, la prende per una mano; e la contem-
pla sempre ridendo.

Uh... ma guarda!...

Le vede il seno scoperto.

Uh... abbondanza!... E che cos'è?

Voltandosi verso il signor Paolino:

Professore!... Ah! ah! ah! ah! E non ne è sbalordito
anche lei, di questo magnifico spettacolo?

PAOLINO (*frenando a stento l'indignazione, con sorrisi*
spasmodici) Nien... niente affatto!... Scusi, perché?
Vedo che... che la signora s'è... s'è messa con una
certa cura...

PERELLA Cura? La chiama cura, questa, lei? S'è mascherata! S'è...

accennando al seno scoperto

s'è scodellata tutta! Ah! ah! ah! ah!

SIGNORA PERELLA Ma Francesco... Dio mio... scusa...

PERELLA Ti sei forse mascherata così, per me? No,
no, no, no, no! Ah, grazie! No, no, no, no, no.

Accennando al seno di lei:

Puoi pure chiudere bottega! Non ne cómpero!

Voltandosi al signor Paolino:

Passò quel tempo, Enea, caro professore! Non me ne
sento più neanche toccar l'ugola!

Alla moglie:

Grazie, cara, grazie! Va', va' a lavarti la faccia, va'...
Voglio andare subito a tavola, io! subito!

SIGNORA PERELLA   È tutto pronto, Francesco.

PERELLA   Pronto? Ah, brava! Possiamo allora sedere?
Lei, professore, è con noi?

PAOLINO   Ma... sì, credo...

SIGNORA PERELLA   Sì, sì, Francesco... il professore è
invitato...

PERELLA   Mi fa piacere. Venga, venga, professore,
segga. Ma non si scandalizzi, perché, mangio, io, sa?
mangio! E si vede, eh? si vede...

*Mostra l'epa; poi, rivolgendosi alla moglie che fa per
sedersi dirimpetto a lui:*

No, no, cara: fa' il piacere, senti... Se non vuoi andare a lavarti, non mi seder di fronte, così conciata!
Mi metto a ridere di nuovo, e qualche boccone, Dio
liberi, mi può andar di traverso. Ma che idea t'è venuta, di'?

SIGNORA PERELLA   Oh Dio, nessuna idea, Francesco...

PERELLA   E come, allora? così?

*Fa un gesto espressivo con la mano per significare:
«È stato un estro?»; ride:*

Ah! ah! ah! ah! Possibile che lei, sul serio, professore, dica che...

PAOLINO   (*interrompendo*) Ma sì! dico che lei dovrebbe
riconoscere, scusi, che la signora, così, sta benissimo!

PERELLA   Benissimo, sì... Non dico di no! Ma se fosse
un'altra, ecco! Se fosse una... lei m'intende! Come
moglie, no... scusi! Come moglie, così, via, dica la
verità: è buffa!

Scoppia di nuovo a ridere.

Niente! Rido! Abbia pazienza, professore: la faccia
sedere qua, al suo posto; e segga lei di fronte a me.

PAOLINO *(alzandosi e prendendo il posto della signora)*
Oh, per me... come vuole...

PERELLA   Scusi, sa, grazie...

Alla moglie:

Oh, dunque, si mangia?

*Voltandosi verso Nonò che sta ingrugnato e tutto ag-
gruppato sul divano:*

Ohi, Nonò, a tavola!

NONÒ   No, non vengo, no!

PERELLA *(dando un pugno sulla tavola)* A tavola, dico!
Subito! Ubbidisci senza replicare!

PAOLINO   Nonò, via, vieni!

PERELLA *(dando un altro pugno sulla tavola)* No! La
prego, professore!

PAOLINO   Scusi, scusi...

PERELLA   Lei me lo vizia, gliel'ho detto! Deve obbedi-
re, senza sollecitazioni! Ho detto a tavola, e dunque,
a tavola!

Si alza e va a prenderlo di peso dal divano.

SIGNORA PERELLA   *(piano, nel frattempo, a Paolino, quasi per piangere)* Dio mio... Dio mio...

PAOLINO *(piano, c.s. alla signora Perella)* Coraggio!...
Pazienza! Sorridente... sorridente... Ecco... così...
come me!

PERELLA *(calando a seder di forza Nonò sulla seggiola, a
tavola)* Qua! Così! Sederai e non mangerai, per casti-

go! Dritto, su! Dritto, dico! Dritto, o con un pugno t'attondo.

Lo minaccia; e come Nonò, spaventato, si raddrizza:

Così! E fermo lì!

Rivolgendosi alla moglie:

Insomma, dico, si mangia, sì o no?

SIGNORA PERELLA   (*vedendo entrare Grazia dalla comune, con la zuppiera fumante*) Ecco, ecco, Francesco...

Grazia servirà dalla credenza in tavola e durante il pranzo uscirà e rientrerà parecchie volte.

PERELLA   Finalmente!

A Paolino, rimasto dopo il consiglio dato alla signora Perella, con un sorriso involontario rassegato sulle labbra:

Oh, senta professore, gliel'avverto perché la tratto da amico! Lei mi farebbe proprio un gran piacere, se non sorridesse, quando faccio qualche rimprovero al ragazzo o a mia moglie.

PAOLINO   (*cascando dalle nuvole*) Io? sorrido? io?

PERELLA   Lei, sì, mi pare! Ha la bocca atteggiata di sorriso anche adesso!

PAOLINO   Sì? Proprio? Sorrido?

PERELLA   Sorride! sorride!

PAOLINO   Oh Dio... E allora io non lo so! Le giuro, capitano, che ho proprio paura di non essere io... Perché io, le giuro, non sorrido.

PERELLA   Ma come non sorride, se sorride?

PAOLINO   Ah sì? Ancora? Non sono io! non sono io! può crederci! non sono io! Ho tutt'altro che intenzione di sorridere, io, in questo momento! Se sorrido, saranno... che vuole che le dica? saranno i nervi... i nervi, per conto loro.

PERELLA Lei ha i nervi così sorridenti?

PAOLINO Già! Pare... Sorridenti...

PERELLA Io no, sa!

PAOLINO Neppure io, veramente, di solito... Si vede che oggi ha preso loro così... Nervi!

Si mette a mangiare – Pausa.

NONÒ (*a cui Grazia ha posto già da un pezzo davanti la scodella*) Posso mangiare, papà?

PERELLA Ti avevo detto di no!

Alla moglie:

Chi l'ha servito?

SIGNORA PERELLA L'ha servito Grazia, Francesco...

PERELLA Non doveva!

PAOLINO Veramente... ecco, forse.. non lo sapeva...

PERELLA E allora lei

indica la moglie

doveva dirglielo!

A Nonò:

Basta! Per questa volta, mangia!

Nonò si agita sulla seggiola, senza mangiar la minestra.

SIGNORA PERELLA Mangia, mangia, Nonò...

Nonò fa il suo solito cenno col dito.

PERELLA   (*scorgendolo*) Che significa?

NONÒ   Non dicevo per la minestra, io, papà...

PERELLA   E per che dicevi allora? Ora si mangia la minestra!

NONÒ   (*esitante, birichino*) Eh... Vedo una cosa!

SIGNORA PERELLA   (*in tono di lamentoso rimprovero*) Ma che cosa, Nonò...

PAOLINO   (*sulla brace*) Benedetto ragazzo...

NONÒ   (*indicando con un rapido gesto, subito ritratto, il pasticcio in mezzo alla tavola*) Eccola là!

PERELLA   Che c'è là?

Guarda:

Ah, un pasticcio?

PAOLINO   Già... mi... mi sono permesso, signor capitano...

PERELLA   Ah, l'ha portato lei?

PAOLINO   Sì... mi... mi scusi... mi sono permesso...

PERELLA   La scuso? E come? Oh bella! Debbo scusarla d'avermi regalato un pasticcio? Debbo invece ringraziarla, mi sembra, caro professore!

PAOLINO   No, che dice? per carità... debbo io, debbo io, signor capitano, ringraziare lei...

PERELLA   D'averla invitata a tavola? Ebbene, vuol dire che ci ringrazieremo, all'ultimo, a vicenda!

PAOLINO   (*con un'esclamazione che gli scappa spontanea*) Eh! Speriamo!

PERELLA   Come, speriamo?

PAOLINO   (*cercando di rimediare*) Sì... dico che... che sia di... di suo gradimento, ecco... speriamo che... che le piaccia!

NONÒ   A me, tanto, sai? tanto!

Si mette ginocchioni sulla sedia.

Guarda! Guarda qui! Questa qui! Questa nera!

PERELLA   Giù a sedere, perdio!

Nonò eseguisce.

PAOLINO   (*sudando freddo*) E non facciamo storie, sai,
Nonò! Non cominciamo con quella nera; se no, mi
fai pentire d'averlo portato! Tu di quella nera lì non
devi neanche assaggiarne!

NONÒ   Perché?

PAOLINO   Perché no! Perché la mamma mi ha detto
che... che soffri di un po' di riscaldamento, è vero,
signora? qua, allo stomaco... ed il cioccolatto per te,
in questo momento...

NONÒ   Ma no! Io? La mamma! Soffre di stomaco la
mamma, non io!

PAOLINO   (*subito*) Nonò!

SIGNORA PERELLA   (*con altra voce*) Nonò!

PERELLA   (*con altra voce*) Nonò! insomma, finiamola!

PAOLINO   Se l'ho fatto fare apposta, figliuolo mio, così, metà e metà...

NONÒ   Ma a me piace quella col cioccolatto!

PERELLA   E avrai di quella col cioccolatto, sta' zitto!
Tanto, a me non piace!

PAOLINO   (*spaventato, subito*) Come! A lei non piace? il
cioccolatto?

PERELLA   No... cioè, così... poco! Preferisco quel-
l'altra...

PAOLINO   (*sentendosi cascar l'anima e il fiato*) Oh Dio...

PERELLA   Che cos'è?

PAOLINO   Niente... Niente... vedo che... mi... mi sono
ingannato... e...

PERELLA   Ma non si confonda! Mangio di tutto, io!
mangio di tutto! La questione è, che qui, mi pare
che si mangiano soltanto chiacchiere! Dov'è Grazia!
Che fa? che fa?

Scrolla la tavola.

Che fa?

Grazia rientra con l'altro servito.

SIGNORA PERELLA   Eccola, eccola, Francesco.
PERELLA   (*a Grazia*) Io voglio esser servito a tamburo!
T'ho detto mille volte che a tavola non voglio aspettare! Da' qua!

*Le strappa il bislungo dalle mani con tale violenza,
che il contenuto sta per rovesciarglisi addosso; balza
in piedi, buttando il bislungo sulla tavola e rompendo, se càpita, qualche piatto e qualche bicchiere.*

Ah, perdio! Come lo porgi?
GRAZIA   Se lei me lo strappa!
PERELLA   E tu me lo rovesci addosso, animale? – Mangiate voi! – Non voglio più mangiare!

Fa per avviarsi alla sua camera.

PAOLINO   (*correndogli dietro*) No, guardi... per carità,
signor capitano...
SIGNORA PERELLA   (*correndogli dietro anche lei*) Pensa,
pensa che abbiamo un ospite a tavola, Dio mio,
Francesco...
PERELLA   (*a Paolino*) Mi si fa dannare, caro professore, mi si fa dannare in questa casa! Lei vede?
PAOLINO   Io la prego d'aver un po' di pazienza.
PERELLA   Ma che pazienza! Me lo fanno apposta!
SIGNORA PERELLA   Noi cerchiamo di far di tutto per lasciarti contento...
PERELLA   (*notando di nuovo il volto di lei così impiastricciato*) Guarda che faccia... guarda che faccia...
PAOLINO   Venga... sia buono... venga... lo faccia per

me, signor capitano... Sono di confidenza, è vero, ma... ma dopo tutto, sono un invitato...

PERELLA   (*arrendendosi*) Per lei, sa! Mi arrendo per lei! Ma non garantisco che arriviamo alla fine!

PAOLINO   No! non lo dica! Speriamo... speriamo che non troverà più ragione da lamentarsi!

PERELLA   Che vuole sperare! Non mi riesce più da anni, a casa mia, d'arrivare alla fine del pranzo!

Rivolgendosi alla moglie:

È inutile, oh, sai, ripetermi che abbiamo un ospite a tavola! Quand'io m'arrabbio, professore, deve scusarmi, perdo la vista degli occhi, e non bado più a chi c'è o a chi non c'è! Per non fare uno sproposito, me ne scappo!

Durante questa scena, Nonò, rimasto a tavola, si sarà pian piano accostato alla tavola, si sarà messo ginocchioni sulla seggiola, e come un gattino con la zampetta avrà assaggiato il pasticcio, dalla parte del cioccolatto.

PERELLA   (*scorgendolo*) Ecco qua! Lo vede? lo vede? Se questo è il modo d'educare il ragazzo!

Afferra Nonò per un orecchio e lo trascina verso l'uscio a destra.

Va' subito a letto! subito a letto, senza mangiare! subito!

Appena arrivato davanti all'uscio lo spinge dentro col piede.

Via!

Tornando a tavola:

Ma io non resisto, sa! Non resisto! Vede come mi tocca di mangiare ogni volta?

SIGNORA PERELLA   Benedetto ragazzo!

A Paolino:

Non se n'è mica mangiato poco...

PAOLINO   Ma sì, via... poco... non vede? un tantino appena appena di qua...

PERELLA   Professore, per carità, non me lo faccia vedere! Mi viene la tentazione di prenderlo e d'andarlo a buttare di là!

Fa per prenderlo, indicando la veranda.

PAOLINO   (*riparandolo*) No! Per carità! Mi vuol fare quest'affronto, signor capitano?

PERELLA   E allora mangiamocelo subito!

PAOLINO   Subito! subito! Ecco, sì, bravo! Questa è una bella pensata! E se permettete, taglio io... faccio io le parti, eh? Ecco... subito subito!

Eseguisce.

Alla signora, prima; ecco qua: questa, alla signora, così!

SIGNORA PERELLA   Troppo.

PAOLINO   No, che troppo!

Rivolgendosi al Capitano:

Ora, se permette... badi, dico se permette, perché, se non permette, niente! in qualità di professore, solo in qualità di professore...

PERELLA   Ne vorrebbe dare a Nonò?

PAOLINO   Non oggi! ah, non oggi! Lei l'ha castigato, e ha fatto benone! Dico, conservargli la sua porzione, se lei permette, badi! per domani. Tutta questa bianca! Gliel'avevo promesso in premio, ecco... come professore...

PERELLA (*battendo con la nocca di un dito sulla tavola, tutto contento della freddura che sta per dire*) Vede? vede? Non gliel'ho detto, io, che il suo metodo è troppo dolce? Eh, più dolce di così!

E scoppia a ridere, lui per primo.

PAOLINO (*ridendo a freddo, mentre la signora Perella gli fa eco*) Ah... già... benissimo... E di questa metà qua, ora, ecco, facciamo così...

PERELLA Ma che così! La dà tutta a me? Ma no!

PAOLINO La prego! Perché sa? la crema, a me... mi... mi... non mi... insomma, non mi... come dico?... ecco, sì... mi... mi fa acidità, ecco... acidità di stomaco... Quanto meno ne mangio, meglio è... Lei ha mangiato poi così poco!

PERELLA (*mangiando a gran boccate*) Buona... buona... Ah, buona... buona... buona... buona! Bravo, professore!

PAOLINO Lei non sa il piacere che mi sta facendo in questo momento!

SIGNORA PERELLA Ne fa tanto anche a me, quando lo vedo mangiare così di buona voglia...

PAOLINO Vuole anche quest'altro pezzo? Guardi, non l'ho ancora toccato!

PERELLA No... no...

PAOLINO Per me, senza cerimonie... Mi farebbe male, gliel'assicuro!

PERELLA Ne prendo, se mai, un tantino della porzione di Nonò. Mi sembra troppa!

PAOLINO No, guardi, proprio mi fa un piacere, se prende la porzione mia...

PERELLA Oh! Se a lei fa male... dia qua!

La prende e mangia anche quella.

Non c'è pericolo che faccia male a me! Ne potrei mangiare due volte tanto, tre volte tanto, non mi farebbe niente!

Alla moglie:

Che mi dài da berci su adesso?

SIGNORA PERELLA   Ma... non so...

PERELLA   Come, non sai? Non c'è neanche un po' di marsala?

SIGNORA PERELLA   Non ce n'è, Francesco...

PERELLA   (*infuriandosi apposta, rivolto al signor Paolino, per piantare al solito la moglie e andare a chiudersi in camera*) Ha visto? S'invita uno a tavola e non si prepara neanche un po' di marsala!

PAOLINO   Oh, sa, se è per me...

PERELLA   Ma è per la cosa in se stessa! per tutto quello che manca di previdenza, d'ordine, di buon governo a casa mia! La signora pensa a lisciarsi!

SIGNORA PERELLA   (*ferita*) Io?

PERELLA   Ah no? Lo negheresti?

SIGNORA PERELLA   Ma è la prima volta, Francesco...

PERELLA   (*afferrando la tovaglia, strappandola giù con tutto quello che vi sta sopra e balzando in piedi*) Ah, perdio!

PAOLINO   (*spaventato*) Capitano... capitano!

PERELLA   Osa rispondermi, perdio!

SIGNORA PERELLA   Ma che ho detto?

PERELLA   È la prima volta? Sia l'ultima, sai! Perché, tanto, con me, è inutile! Non mi pigli! non mi pigli! non mi pigli! Piuttosto mi butto dalla finestra! Va' al diavolo!

Corre, così dicendo, verso l'uscio della sua camera, si caccia dentro, e si sente il rumore del paletto, che sarà bene esagerare grottescamente.

SCENA SETTIMA
PAOLINO, *la signora* PERELLA *e* GRAZIA.

*Restano tutti e due, come basiti, a guardarsi un pez-
zo, nella crescente penombra. Entra Grazia dalla comune, vede lo scompiglio per terra, e scuote in aria le
mani, tentennando il capo.*

GRAZIA   Al solito, eh?
SIGNORA PERELLA   (*risponde appena al tentennìo del capo, poi dice*) No, vai, Grazia. Sparecchierai domani...

Accenna all'uscio della camera del marito.

Non far rumore...
GRAZIA   Accendo?
SIGNORA PERELLA   No, lascia... lascia...
GRAZIA   (*ritirandosi*) Ogni volta, così!

Esce per la comune.

SCENA OTTAVA
DETTI *meno* GRAZIA.

*Si avviva a poco a poco sempre più dalla finestra
aperta della veranda un raggio di luna, che investe
principalmente i cinque vasi del portafiori tra i due
usci laterali di sinistra.*

SIGNORA PERELLA   Hai sentito? Dice che piuttosto si
butterebbe dalla finestra!
PAOLINO   Eh! Aspetta! Bisogna aspettare!
SIGNORA PERELLA   Tu ci speri? Io non ci spero, no,
Paolino...

PAOLINO   Mi hanno detto tutt'e due i fratelli di non dubitare... di star sicuro!

SIGNORA PERELLA   Sì. Ma io dico per lui! Non lo conoscono! Non lo conosci neanche tu, Paolino! Piuttosto davvero si butterebbe dalla finestra...

PAOLINO   Oh, senti... Se tu vai incontro alla prova con quest'animo...

SIGNORA PERELLA   Io? Io sono qua, Paolino. Aspetto... aspetterò tutta la notte.

PAOLINO   Ma devi aspettar con fiducia!

SIGNORA PERELLA   Ah, no, credi, invano.

PAOLINO   Ma bisogna che tu la abbia, almeno, un po' di fiducia! Può giovare, credi, se ne hai, ad attirarlo! Sì! sì! Io credo nella forza dello spirito! E tu devi averne! devi averne! Pensa che, se no, c'è l'abisso aperto per noi! Io non so che faccio, non so che faccio domani! Per carità, anima mia!

SIGNORA PERELLA   Ma sì... ecco... vedi? io mi metto qua... così...

Siede su un seggiolone a braccioli, antico, rivolta verso l'uscio della camera del marito, in modo che se questi aprisse, se la troverebbe davanti, in atteggiamento di «Ecce Ancilla Domini» circonfusa nel raggio di luna.

PAOLINO   Sì... sì... ecco... così... Oh santa mia! Io ti prego, ti prego di farmi trovare un segno domani, domani all'alba. Questa notte io non dormirò. Verrò domattina all'alba, davanti alla tua casa. Se è sì, fammi trovare un segno; ecco, guarda, uno di questi vasi di fiori qua, alla finestra della veranda là, perché io lo veda dalla strada domani all'alba. Hai capito?

Resterà un momento nell'atteggiamento dell'Angelo annunziatore, col vaso in mano, nel quale sarà un giglio gigantesco. S'udrà friggere il riflettore che manda il raggio di luna.

SIGNORA PERELLA   Io sono qua. A domani, Paolino!
PAOLINO   Così sia!

Tela

ATTO TERZO

La stessa stanza dell'atto precedente. È l'alba del giorno appresso. Sul davanzale della finestra, nella veranda in fondo, nessun vaso di fiori. *Sono ancora per terra la tovaglia e la suppellettile da tavola rovesciate dal Capitano Perella.*

SCENA PRIMA
GRAZIA, *poi il* MARINAJO.

Al levarsi della tela, Grazia, tutta scarduffata, con l'occorrente per la pulizia, è curva a raccogliere i cocci del vasellame rotto e i piatti, i bicchieri rimasti sani, che poserà a mano a mano sulla tavola. Raddrizzandosi di tratto in tratto, si stirerà, contraendo il volto, per significare che ha tutta la persona indolenzita, segnatamente le reni; protenderà allora una mano a pugno chiuso in direzione dell'uscio della camera del Capitano e borbotterà qualche inintelligibile imprecazione.

GRAZIA   Guardate qua... guardate qua che rovina! piatti... bicchieri... E tutto insozzato! Povera tovaglia! Neanche una stalla sarebbe per lui! Il porcile... il porcile, per lui! Ah, manco male... una bottiglia è sana...

Raddrizzandosi:

Ahi, ahi, ahi! Non mi reggo più su le reni... Sfasciate... ahi, ahi, ahi... spezzate...

Suono di campanello alla porta.

Chi sarà?...

Avviandosi per aprire:

Ahi, ahi, ahi...

Gesto verso la porta del Capitano, un borbottamento, ed esce per la comune. Poco dopo rientrerà in scena col Marinajo.

GRAZIA   Ma se vi dico che la signora non m'ha lasciato nulla per voi!

MARINAJO   E allora il Comandante non riparte oggi?

GRAZIA   Che ne so io, se riparte o non riparte?

MARINAJO   Ma sì, che deve ripartire oggi! E la roba, la signora, deve averla preparata jersera.

GRAZIA   Jersera, sì! Aveva proprio testa da pensare a preparar la roba, jersera.

MARINAJO   Gran putiferio?

GRAZIA   Il diavolo a quattro!

MARINAJO   Uh, e ha rovesciato tutto, al solito?

GRAZIA   Questo solo? Cose... cose dell'altro mondo! cose, vi dico, che non si sono mai né viste né sentite!

MARINAJO   Ah sì? Che ha fatto? che ha fatto?

GRAZIA   Che ha fatto!? Ha fatto che...

MARINAJO   Dite, dite...

GRAZIA   *(facendogli gli occhiacci)* Non lo so!

MARINAJO   Maltratti alla signora, mi figuro! sgarbi al ragazzo! Se l'è presa anche con voi?

GRAZIA   (*lo guarda; sta per dire chi sa che cosa; ma taglia corto*) Lasciami, lasciami fare qua...

MARINAJO   Anche con voi? Eh! a chi i confetti e a chi i dispetti! Da una parte le piglia e dall'altra le dà!

GRAZIA   Che dà? che piglia?

MARINAJO   Le piglia! le piglia!

Fa cenno di busse con la mano.

Ah, se le piglia! Da quell'altra – a Napoli. – Qua fa il lupo; con quell'altra, invece, è più mansueto d'un agnellino!

GRAZIA   Ma che agnellino!

Piano, con gli occhiacci:

Un majalone è! ecco quello che è!

MARINAJO   Sì, va bene; ma quella lì lo sa far stare a dovere. Lo so io! Fin da quando ero imbarcato al suo servizio. Ci sono andato poche volte io, in casa di quella signora! Tutti i giorni, fin tanto che si stava a Napoli. E ho assistito a certe scene! Ma al contrario, le faceva lei a lui! Un donnone, se vedeste! Due quintali! E brutta, oh! Certi occhiacci... Ma chi sa come gli sembrerà bella, a lui! Una rovina, poi! Un figlio all'anno! Glien'avrà fatti altri cinque, sei... da allora!

GRAZIA   Com'è? giovane?

MARINAJO   Giovane, giovane... Dev'essere ancora giovane, sotto la trentina...

GRAZIA   Ah! E non gli basta?

MARINAJO   A chi? a lei?

GRAZIA   Dico a lui! dico a lui!

MARINAJO   Ah... perché ha qui anche la moglie, volete dire?

GRAZIA   Che moglie e moglie! Non la guarda nemmeno la moglie!

MARINAJO   E allora? Ohé! Ne sapreste forse qualche cosa anche voi?

GRAZIA   Lasciatemi sbrigare qua, v'ho detto!

MARINAJO   (*ride*) Ah! ah! ah! ah! Sarebbe da ridere...

GRAZIA   Insomma, ve n'andate?

MARINAJO   Sì, vado, vado. Ritornerò più tardi... Ma avvertitela la signora, che son venuto per la roba... che la prepari... A rivederci, eh?

GRAZIA   A rivederci.

Il marinajo esce per la comune. Grazia ritorna a cercar tra le pieghe della tovaglia per terra qualche piatto o bicchiere rimasto sano e, trovandone qualcuno e levandosi per posarlo sulla tavola, rifà il gesto per esprimere l'indolenzimento delle reni. Si sente poco dopo – grottescamente di nuovo esagerato – il rumore del paletto tratto dall'uscio della camera del Capitano.

SCENA SECONDA
DETTA *e il* CAPITANO PERELLA.

GRAZIA   Eccolo qua, che esce dalla gabbia, la belva!

Il Capitano vien fuori, tutto ammaccato dal sonno, con gli occhi pesti e un umore più che mai bestiale.

PERELLA   (*scorgendo Grazia per terra*) Ah... tu, costì? Con chi parlavi?

GRAZIA   Col marinajo, parlavo...

PERELLA   È andato via?

GRAZIA   È andato via.

PERELLA   E che era venuto a fare, a quest'ora?

GRAZIA   Era venuto per la roba da portare a bordo.

Pausa.

PERELLA   E tu non sai augurare il buon giorno al tuo
padrone?

GRAZIA   Già! Per giunta! Eccolo qua, il mio buon
giorno!

Indica i cocci per terra.

PERELLA   Lo fai adesso, codesto servizio? Che hai fatto tutto jersera.

GRAZIA   (*gli lancia una lunga occhiataccia, poi torna al
suo servizio senza rispondere*)

PERELLA   Rispondi!

Le viene innanzi, minaccioso.

GRAZIA   (*si leva, lo guarda di nuovo, poi dice*) Lo domanda a me, che ho fatto?

Breve pausa.

Lei strappa; lei rompe; lei

sottolineando in modo ambiguo

obbliga la gente a servizi, a cui non è tenuta...

PERELLA   Io voglio subito il caffè!

GRAZIA   Ancora non è pronto.

PERELLA   (*facendosele sopra con la mano levata*) Ah, così mi rispondi?

GRAZIA   (*sfuggendo*) Non mi s'accosti! non mi tocchi o
grido, sa!

PERELLA   Vai subito a preparare il caffè! Non sai che
voglio trovarlo pronto, appena mi alzo dal letto?

GRAZIA   Potevo difatti immaginare, che proprio questa
mattina lei si dovesse levare all'alba... dopo che...

PERELLA   Insomma! La finisci di rispondere? Vai subito per il caffè!

GRAZIA   Vado... Vado...

Via, per l'uscio a sinistra.

SCENA TERZA

Il CAPITANO PERELLA, *solo, poi il* SIGNOR PAOLINO *e*
GRAZIA.

PERELLA   (*tentennando il capo*) Ma guarda un po'!

*Con la faccia più che mai aggrondata e disgustata, gli
occhi cupi e truci, sta un po' a pensare; poi sbuffa;
poi si brancica gli abiti addosso, smaniosamente, e
accompagna l'atto con una specie di rugghio bestiale
nella gola; scrolla il capo e va un po' per la stanza.
Ha caldo! ha caldo! si sente soffocare! Va alla veranda; s'affaccia alla finestra in fondo; guarda il mare e
trae un ampio respiro; poi finge di guardare in giù
nella strada e di scorgervi il signor Paolino; fa un atto
di sorpresa e si china a parlare.*

PERELLA   Oh – buon giorno, professore! E come, fuori
a quest'ora? da queste parti?

Tendendo l'orecchio:

Che?... – Già, già... – anch'io... Un po' d'aria...
Questo venticello... sì. Delizioso. – Vuol venir su?
Venga, venga... – Le offro una tazza di caffè... – Sì,
bravo, venga!

*Rimane ancora un po' sulla veranda; poi viene in-
contro al signor Paolino, che entra per la comune
con una faccia da morto ansiosa, gli occhi lividi,*

lampeggianti di follìa, come se, non avendo trovato il segno sulla veranda, avesse deciso di commettere un delitto.

PERELLA Ih, che sveltezza! È salito di corsa?

PAOLINO Sì. Mi dica. Ha visto che tornavo dallo Scalo?

PERELLA L'ho vista col naso in su, che guardava qua, da me.

PAOLINO Sì. Ma ero di ritorno. Sono arrivato fino allo Scalo. Nel passare davanti la sua casa, la prima volta, andando, c'era giù un crocchio di gente che gridava. – Dica un po': che sia caduto, per caso, dalla finestra là, della veranda, qualche vaso di fiori?

PERELLA (*stordito*) Vaso di fiori? Giù nella strada?

PAOLINO Sì – da quella finestra!

PERELLA Ma no... Ch'io sappia...

PAOLINO No?

PERELLA Io non so di vasi... – Ma perché?

PAOLINO Perché mi parve di vedere giù, sotto la finestra, tra quel crocchio di gente che gridava, un mucchio... non so... di cocci per terra; e ho immaginato che gridasse per questo.

PERELLA Io non ho inteso nulla.

PAOLINO Non c'era proprio nessun vaso là, quando lei si è affacciato?

PERELLA Nessuno... Eccoli là, i vasi

indica il portafiori

– tutti e cinque.

PAOLINO Sono stati sempre cinque?

PERELLA Cinque, sì. Non vede? non c'è posto, qua, per altri vasi.

PAOLINO (*quasi tra sé, addolorato, friggendo*) E allora... allora... niente...

PERELLA (*squadrandolo*) E come? Oh bella! Pare che

lei sia dolente che non sia caduto davvero nessun vaso.

PAOLINO (*subito, riprendendosi*) No; io? che! – È che... che m'ero figurato che... che dovesse esserci, quel vaso... ecco!

PERELLA Perché la gente gridava sotto?

PAOLINO Già... Sa com'è, quando uno s'immagina una cosa? L'ho creduto proprio come una realtà, passando e sentendo gridar quella gente. – «C'era un vaso – mi son detto – alla finestra là del capitano, e sarà caduto...»

PERELLA Ma no! che vaso! È curioso che io di là non ho sentito affatto gridare giù in istrada.

PAOLINO Non ne parliamo più! – Ma scusi, lei...

E s'interrompe come se gli notasse in faccia qualche segno impressionante.

PERELLA (*turbato, non comprendendo*) Io... che cosa?

PAOLINO Sì, dico... lei...

E s'interrompe di nuovo per spiarlo più intensamente nella faccia ammaccata.

PERELLA Che cosa? – Oh sa che lei ha un curioso modo di guardarmi?

PAOLINO No, niente... Perché... perché la vedo... sì, la vedo...

PERELLA Come mi vede?

PAOLINO Niente... no... Vedo che... che si è levato per tempo, ecco...

PERELLA Già, ma anche lei, mi pare, – molto prima di me, se è già fuori di casa a quest'ora, ed è arrivato fin allo Scalo.

PAOLINO Sì... mi... mi... mi son difatti levato anch'io per tempo...

PERELLA   (*lo guarda e scoppia a ridere*) Ah! ah! ah! ah!
Ma com'è strano lei questa mattina!

PAOLINO   Sono un po' nervoso...

PERELLA   E s'è fatta una passeggiatina al fresco? – Fa
bene, fa bene... igienico, igienico passeggiare di
buon mattino!

PAOLINO   Igienico, già!

Tra sé, appena il Capitano si volta:

(Io l'uccido! Parola d'onore, io l'uccido!)

PERELLA   Non c'è di meglio, quando uno è nervoso...
Fuori, all'aperto, svaporano tutte le ubbìe.

PAOLINO   Difatti, sì... Non... non ho dormito bene,
questa notte e...

PERELLA   Ah! Neanche lei? – Non me ne parli!

PAOLINO   (*contento, ansioso*) Non... non ha dormito
bene, dunque, neanche lei?

PERELLA   (*con rabbia*) Non ho dormito affatto, io!

PAOLINO   (*con ansia crescente*) Ah... – e...?

PERELLA   Che cosa?

PAOLINO   Sì, dico... vedo.. – guardavo or ora, difatti,
che lei è molto sbattuto... un po'... sì... un po' pesto,
ecco.

PERELLA   (*c.s.*) Se non ho chiuso occhio, le dico! Una
nottataccia d'inferno! Il caldo, forse... io non so!

PAOLINO   Caldo, già... ha fatto un gran caldo, un gran
caldo, questa notte...

PERELLA   Da impazzire!

PAOLINO   E si sarà... si sarà alzato di letto, forse?

PERELLA   (*lo guarda, poi*) Anche, sì...

PAOLINO   Eh, me lo immagino! Quando... quando il
letto comincia a scottare... Col caldo... lì

indica la sua camera

le... le sarà parsa un forno, quella sua camera, suppongo!

PERELLA   Un forno! un forno, proprio!

PAOLINO   E ne sarà uscito, no? m'immagino...

PERELLA   (*torbido, dopo averlo guardato un po'*) Sì... difatti... ne sono uscito un po'... perché... – perché a un certo punto, mi pareva proprio di soffocare...

Vedendo entrare Grazia con un vassojo, su cui è una tazza di caffè:

Ah, ma ecco qua il caffè... Brava, Grazia... – Ma come! ne porti una tazza sola? – E per il signore?

GRAZIA   (*aggrondata, sgarbatissima*) E che ne so io, se debbo portargli o non debbo portargli il caffè, se nessuno me lo ordina?

PERELLA   Non rispondere così, ti ho detto! C'è bisogno che ti si ordini? Ma guarda un po' che confidenza osa prendersi!

GRAZIA   (*facendo gli occhiacci e masticando*) Confidenza... confidenza... Sono io che mi piglio, ora, la confidenza; è vero?

PERELLA   È impudente questa donna! Bada che ti caccio via su due piedi, sai?

GRAZIA   Mi caccia? Chi caccia? Badi lei piuttosto, che io posso mettermi a gridare, e se mi metto a gridare quello che lei ha fatto...

PAOLINO   (*quasi tra sé, basito, all'orribile sospetto che gli balena, guardando ora il Capitano, ora la serva*) Oh Dio... Oh Dio... – possibile?

PERELLA   Professore, ma la sente?

PAOLINO   Sento, vedo... sì...

PERELLA   (*a Grazia, per troncare, sulle furie*) Vai a prendere subito un'altra tazza di caffè!

A Paolino:

Ecco, lei prenda questa, professore...

Gli offre la tazza.

PAOLINO   No... grazie, no!...

A Grazia:

Non... non v'incomodate...

PERELLA   Ma che incomodarsi! – Prenda!

PAOLINO   Grazie, le dico! no! proprio non ne desidero.
– Mi... mi farebbe male...

PERELLA   Ma che male!

A Grazia:

Vai a prendere l'altra tazza!

PAOLINO   Sono eccitato, capitano, per carità! Sono eccitato... – eccitato; nervoso!

GRAZIA   Insomma – sì? – no?

PERELLA   Vai al diavolo!

*Grazia, sulle furie, se ne va; e allora, gridandole die-
tro fino all'uscio:*

E smetti codeste arie, sai? – Se no, te le faccio smet-
tere io!

PAOLINO   Sfido: scusi; se si dà... se si dà troppa confidenza a una serva...

PERELLA   Non si dovrebbero tenere troppo in casa, le
serve, ecco!

PAOLINO   Ma mi faccia il piacere! No! quando si sanno
tenere al loro posto... che non abbiano a prendere
arie da padrone...

PERELLA   (*stupito dall'aria indignata che assume il signor
Paolino*) Ohé, che dice, professore?

PAOLINO   (*frenandosi a stento*) Dico che... che... sono...
sono meravigliato, ecco... sono veramente... non so
come dire... – stupito...

PERELLA   Dell'arroganza di questa donna?

PAOLINO   Già! E che lei...

PERELLA   Che io?

PAOLINO   Che lei... sì, la possa sopportare! Mi... mi

pare incredibile, che vuole che le dica! Inverosimile, ecco: inverosimile, arrivare... Dio mio... arrivare fino a questo punto! – Possibile?

PERELLA   (*lo guarda, torbido, poi, abbassando gli occhi*) Già... è... è enorme!

PAOLINO   È enorme!

Pausa.

PERELLA   (*quasi umile*) Ma non glie l'ho detto il perché? È da troppo tempo per casa!

Arrabbiandosi:

La colpa è di mia moglie!

PAOLINO   (*scattando e subito frenandosi*) Ah, sì? anche? ne ha colpa sua moglie?

PERELLA   Sissignore, sissignore! Che me la tiene ancora tra i piedi! perché ha visto nascere Nonò! perché sa gli usi di casa! per il diavolo che se li porti via tutti quanti!

PAOLINO   (*friggendo*) Ma scusi, e lei per questo...?

PERELLA   Che, per questo? Oh, insomma, sa che lei, professore, mi assume certe arie che io non tollero?

PAOLINO   No, è che... scusi, mi... mi pare troppo, ecco, che per questo lei debba pigliarsela con la sua signora.

PERELLA   Me la piglio con tutti, io! Perché è una disperazione questa maledetta casa per me! – Vi soffoco, vi soffoco! Maledico sempre il momento che vi rimetto i piedi! Neanche dormire quieto vi posso! Sarà stato anche il caldo... Una smania... E quando io non dormo, sa? quando non riesco a prender sonno, – ... arrabbio, arrabbio...

PAOLINO   Già... ma che colpa, scusi... che... che colpa ci hanno gli altri, scusi?

PERELLA   Di che?

PAOLINO   Eh... se dice che s'arrabbia... Con chi si arrabbia? con chi se la piglia, se fa caldo?

PERELLA   Con me, me la piglio! me la piglio col tempo! e me la piglio anche con tutti, sissignori! Perché io voglio aria! aria! io sono abituato al mare!

Poi, calmandosi:

E la terra, caro professore, specialmente d'estate, la terra non la posso soffrire – la casa... le pareti... gli impicci... le donne...

PAOLINO   Anche... anche le donne?

PERELLA   Prima di tutto le donne! Del resto, le donne, con me... – Sa? Si viaggia... si sta tanto tempo lontani... – Non dico ora, che sono vecchio... Ma quando ero giovanotto... Le donne... Ci ho avuto però sempre questo di buono, io – che quando voglio, voglio... ma quando non voglio, non voglio.

Ride orgogliosamente.

Il padrone sono restato sempre io!

PAOLINO   Ah, sempre?

Tra sé:

(L'uccido! l'uccido!)

PERELLA   Sempre che ho voluto, s'intende! – Lei no, eh? Lei forse si lascia prendere facilmente?

PAOLINO   Lasci star me, la prego!

PERELLA   (*ride forte*) Ah! ah! ah! ah! – Un sorrisetto... una mossetta.

PAOLINO   (*friggendo*) La prego, capitano. La prego...

PERELLA   (*con altra risata*) Eh! eh! eh! – Me lo figuro... me lo figuro come deve essere con lei... – Un'aria umile... vergognosetta... – Dica, dica la verità, eh?

PAOLINO   Per carità, smetta, capitano... sono veramente nervoso...

PERELLA   (*ride ancora*) Pieno... pieno di scrupoli ideali deve esser lei in amore... – Dica la verità!

PAOLINO   (*scattando*) Ebbene! vuole che le dica la verità? E allora le dico che io, se avessi moglie...

PERELLA   (*scoppia a ridere di nuovo più forte*) Ah! ah! ah! ah!

PAOLINO   (*perdendo ogni freno*) Non rida, per Dio! Non rida!

PERELLA   Ma perché si adira così? Ah! ah! ah! ah! Come c'entrano adesso le mogli, scusi? Noi stiamo parlando delle donne...

PAOLINO   E che non sono donne, le mogli? Che cosa sono?

PERELLA   Ma saranno anche donne... qualche volta... sì...

PAOLINO   Ah... qualche volta, sì! Lo... lo ammette dunque, che qualche volta il marito deve pur considerarla come donna, la moglie!

PERELLA   Certo, sì! certo! Ma non abbia paura che ci pensa lei, la moglie, a farsi considerar come donna da altri, se suo marito se ne dimentica!

PAOLINO   Un marito saggio, dunque, non se ne dovrebbe mai dimenticare!

PERELLA   Ma sì! Ci penserà lui, a questo! Lei, intanto, non ne ha, caro professore; e io le auguro per il suo bene di non averne mai!

PAOLINO   (*irritatissimo, cercando il pretesto per litigare*) Ma questo è in contraddizione con ciò che lei ha detto or ora di me!

PERELLA   Che cosa ho detto?

PAOLINO   Che io sono pieno di scrupoli... non so quali...

PERELLA   (*stordito*) Ah, lei desidera allora di prender moglie?

PAOLINO   No! Non dico questo! Dico che lei s'inganna sul conto mio!

PERELLA   M'inganno?

PAOLINO   Sissignore! E commette anche la più crudele delle ingiustizie!

PERELLA   Verso chi? Verso lei? Verso le mogli?

PAOLINO   Verso le mogli, sissignore!

PERELLA   Lei le difende?

PAOLINO   Le difendo, sissignore!

PERELLA   Ah! ah! ah! ah! – Le difende... – Sa perché le difende lei? Perché non ne ha! E si serve – ci scommetto – di quelle degli altri... – Ecco perché le difende!

PAOLINO   Io? Io? Lei dice questo a me? osa dire questo a me? Lei?

PERELLA   (*richiamandolo costernato*) Professore!

E lo richiamerà così altre volte durante la battuta seguente, sempre più costernato.

PAOLINO   Lei m'insulta! Sono un uono onesto, io! Sono un uomo di coscienza, io! Sono un uomo, per sua regola, che si può anche trovare, sì – senza volerlo, – in una situazione disperata. Sì!, ma non è vero, non è vero che vorrei servirmi delle mogli degli altri! Perché se fosse così, non le avrei detto, come le ho detto or ora, che un marito non dovrebbe mai trascurare la moglie! E le aggiungo ora, che un marito che trascura la moglie, per me, commette un delitto! e non uno solo! più delitti! Sì, perché non solamente costringe la moglie – che può anche essere una santa donna – a venir meno ai suoi doveri verso se stessa, verso la sua onestà, ma anche perché può costringere un uomo, un altro uomo, ad essere infelice per tutta la vita! Sì! sì! legato a soffrire di tutto il martirio di quella povera donna! E chi sa! chi sa! Ridotto all'estremo limite della sua sofferenza, anche la libertà,

la libertà può perdere, quest'uomo! glielo dico io!
glielo dico io, signor capitano!

*Il signor Paolino dirà tutto questo con foga man ma-
no crescente, facendosi quasi sopra al Capitano, che
lo ascolta sbalordito. Pare, a un certo punto, che il
signor Paolino debba, da un momento all'altro, trarre un'arma dalla tasca e uccidere il Capitano. Si
schiude allora l'uscio a destra e compare la signora
Perella, atterrita, disfatta, con tutta la truccatura an-
data a male sulla faccia squallida. Non ha forza né
di muoversi né di parlare.*

SCENA QUARTA
La SIGNORA PERELLA *e* DETTI.

SIGNORA PERELLA   Oh Dio... che cos'è? che cos'è?
PERELLA   E chi ne capisce nulla? Il professore qua è
   montato su tutte le furie, discutendo delle mogli e
   dei mariti...
PAOLINO   Ma perché io dicevo...
SIGNORA PERELLA   Calma! Calma! Per carità... Non dica... non dica più nulla, professore... Guardi, piuttosto... – mi ajuti...

   s'avvicina al portafiori e fa per prendere un vaso

...m'ajuti, la prego...
PAOLINO   (*raggiante*) Ah... sì?

   Prende il vaso.

Questo vaso? Vuole, vuole che lo porti alla veranda?
SIGNORA PERELLA   Sì... ma lo dia a me, questo... lo
   porto io... – Ne... ne prenda un altro lei... Se non se
   n'ha a male..

PAOLINO   (*restando e facendosi brutto*) Un altro? A male, io? Ma che dice? Fe... felicissimo!
SIGNORA PERELLA   E allora... la prego...

*Va a collocare il vaso sul davanzale della finestra
sulla veranda.*

PAOLINO   Ecco... ecco...

Eseguisce.

Lo mettiamo qua?

Lo posa accanto al primo.

Così?
SIGNORA PERELLA   Sì, grazie...

*E seguita per suo conto a prendere e a portare al da-
vanzale il terzo e il quarto vaso mentre Paolino, pieno di sdegno e di sarcasmo, si precipita ad abbracciare il Capitano che guarda sbalordito.*

PAOLINO   Ah! Mi scusi, mi scusi tanto, caro capitano,
mi scusi!
PERELLA   E di che?
PAOLINO   Ma di tutte le bestialità che poc'anzi mi sono scappate di bocca! Ero così nervoso! Ma è stato
uno sfogo, che mi ha tanto giovato! M'è passato tutto... Sono contento ora... tanto contento... Mi scusi
e grazie, grazie, signor capitano! Con tutto il cuore!
Guardi, là... che azzurro... che bella giornata s'è fatta! e quei..

con stupore che è quasi terrore

uh! cinque, cinque vasi là!
SIGNORA PERELLA   (*che ha il quinto vaso tra le mani, che*

contiene il giglio, mostrandolo, vergognosa, con gli occhi bassi) Ridanno la vita...

PAOLINO (*subito*) A una casa, già! Grazie, grazie, capitano! Scusi! – Sono veramente una bestia!

PERELLA (*scrollando il capo, sentenzioso*) Eh, caro professore, bisogna essere uomini!

E si tocca più volte il petto col dito.

PAOLINO A lei è facile, capitano – con una signora come la sua: la Virtù in persona!

Tela

Appendice

PRAGA E PIRANDELLO A PASSEGGIO
PARLANDO DELL'«INNESTO»

Il 29 gennaio 1919 va in scena, in prima nazionale, a Milano, *L'innesto*. Il 5 febbraio Praga pubblica la lunga recensione che segue, intitolandola *La critica sulla via e i «ma» di Pirandello*. Con il suo gusto un po' ottocentesco, Praga avrebbe voluto una "dramma passionale" (Pirandello stesso lo aveva messo su questa strada interpretativa). Vi ha ritrovato invece, con un evidente senso di disinganno, il solito dramma razionalista alla Pirandello.

L'altra sera, dopo la prima rappresentazione de *L'innesto*, mi sono preso sotto il braccio Luigi Pirandello, l'ho accompagnato all'albergo, e un passo dopo l'altro, pian pianino, gli ho fatta la critica della sua commedia. (I miei maestri, a quell'ora, erano nelle redazioni dei giornali a scriverle, le loro critiche. Io, la mia, la passeggiavo.)

– Vedi, Pirandello mio caro – gli dissi – tu mi hai ingannato, senza accorgertene, senza volerlo. Mi avevi detto avanti ieri: «*L'innesto* non è una commedia come le altre mie, come *Il piacere dell'onestà*, come *Pensaci, Giacomino!*, come *Così è (se vi pare)*, come *Il giuoco delle parti*; non è del pirandellismo, insomma, perché il mio modo d'intendere il teatro lo chiamano pirandellismo – (ciò che ti onora, amico, interruppi), – no, è un dramma di passione, ed è costrutto, ed è scritto... come dire?... secondo le regole... diciamo le buone regole del teatro». – Mi avevi detto così, e ti avevo creduto. Ebbene, mi hai ingannato, e ti sei ingannato. *L'innesto* è ancora del pirandellismo.

– Ma...

– Ma sì! e te lo dico per farti onore. *L'innesto* è ancora

del Pirandello, autentico, sincero, ammirabile. Non ammirabile perché la commedia sia un capolavoro, e neppur forse una buona commedia: ma perché è roba tua, carne della tua carne, fosforo del tuo cervello; perché appartiene al *tuo* teatro, che non è il teatro degli altri, ma è un teatro diverso, un teatro nuovo, come fu nuovo e diverso quello dell'Ibsen in Norvegia, quello dello Shaw in Inghilterra, quello del De Curel in Francia. Ieri l'latro, a quel tuo annuncio, mi ero spaventato. Ora sono tranquillo. E ti ringrazio di avermi ingannato. E benedico il buon Dio, perché ti sei ingannato.

– Ma...

– Zitto! Ti ho ascoltato – oh! se ti ho ascoltato! – per due ore, rannicchiato nella mia poltrona. Ora lascia parlar me. Hai fatto il tuo bravo commediografo; lasciami fare il mio bravo critico. Che cosa è il tuo teatro? Direi che è un teatro filosofico ed umoristico, se le parole fossero intese sempre, e da tutti, nel loro giusto significato. Purtroppo non è così. Filosofia. Non so se per colpa dei filosofi o per ignoranza della folla, si dà dai più a questo vocabolo un significato che non è il suo. Così, se io dico, peggio se stampo, che il tuo è un teatro filosofico, tu hai il diritto di farmi un processo e di chiedermi la rifusione dei danni, poiché potrai facilmente provare che io tento di allontanare il pubblico dalle tue commedie. E se io dico o stampo che la tua filosofia è non solo interessante ma anche divertente, mi si darà del ciurmadore, poiché la folla è ben convinta che filosofia e divertimento sono termini antitetici. La scienza delle cause; ecco, fra le tante definizioni della filosofia, quella che più mi piace e mi par la più giusta. Ma va un po' a dire a un pubblico di teatro che si può fare del teatro, e del teatro interessante e divertente, coltivando la scienza delle cause!... Così, se io dico che il tuo è un teatro sovente, quasi sempre, umoristico. Chi non ti ha ascoltato, o non ti ha letto, mi chiederà se il tuo è un teatro da burattini. Ahimé, *quam parva sapientia..*

– Ma...

– Un momento! Stasera, me ne accorgo, sono uno scocciatore emerito. Ma poi che mi atteggio a critico!... Dunque: tu che hai fatto dell'umorismo – o, meglio, dell'*humorismo* – (la differenza è forse sottile, ma c'è) – nel *Piacere dell'onestà*, nel *Così è (se vi pare)*, nel *Pensaci, Giacomino!*, dell'*humorismo* a fondo filosofico (due coserelle che stanno bene insieme; chè, anzi, un *humorismo* sano, non volgare, profondo, ha necessariamente – se pur non crede o non si accorge d'averlo – un fondo filosofico), nell'*Innesto* non hai fatta che della filosofia. Non della filosofia come l'intende il volgo; come l'intendiamo noi...

– Ma...

– Aspetta! Voglio dire: come l'intendo io. Ma l'intenderai così anche tu, se vorrai abbassarti per dieci minuti al mio livello intellettuale. Un dramma di passione? No, amico mio, tu non l'hai fatto. Passionale non è l'argomento, cioè la sostanza del dramma; dirò meglio: non appar passionale; dirò meglio ancora: non può apparir passionale ad un pubblico di teatro, fosse pure il pubblico migliore, il più elevato e il più eletto. Ripensaci per un momento; sul teatro, la passione è sopra tutto una quistione di forma. *La dame aux camélias* è un dramma di passione. Ebbene: dato e non concesso che coll'argomento della *Dame aux camélias* tu dovessi scrivere un dramma, non scriveresti un dramma di passione. Perché il tuo modo di costruire una scena e di scrivere un dialogo è agli antipodi da ciò che noi tutti intendiamo e abbiamo inteso sin qui – sugli esempi letterari di ogni tempo – per passionale. Se quella dell'*Innesto* è passione, è una passione tua, è una passione pirandelliana.

– Ma...

– Lasciami dire!... La tua passione è ragionamento. Vedi: le *tirate* (dico *tirate* nel senso francese, che non è punto dispregiativo) dei tuoi due protagonisti, non sono sfoghi di passione, sono ragionamento. E non è un ragionamento passionale. È ragionamento diritto, tagliente, concludente, incisivo e – questo è il guaio! – scheletrico. Da ciò, amico mio, il mezzo successo, il quasi mancato successo dell'*Innesto*. Perché la costruzione dei tuoi atti è scheletrica, lo svolgimento delle tue scene è scheletrico, la composizione del tuo dialogo è scheletrica; e questo scheltrame è, indubbiamente, una delle tue qualità, una delle tue forze, una delle tue... abilità; ed è un elemento di successo quando tu fai della filosofia umoristica e dell'umorismo filosofico, quando scrivi *Così è (se vi pare)* o *Il piacere dell'onestà*; diventa un elemento di insuccesso, o un ostacolo al successo, quando scrivi una commedia o un dramma in cui non vuoi e non puoi e non devi mettere l'umorismo, l'ironia, la bega, quando mandi alla ribalta *L'innesto* o *Se non così...* To'! mi è venuto alle labbra il titolo della tua prima commedia. E non a caso. Mi par proprio che le due facciano il paio.

– Ma...

– So quel che vuoi dire! Che ti rimprovero una delle tue qualità più squisite e più personali; e che sono in contraddizione con me stesso: perché dianzi mi dicevo lieto che tu nel concepire e nello scrivere *L'innesto* fossi stato ancora e sempre Luigi Pirandello mentre credevi e avevi voluto farmi credere di essere stato – che so? – Alessandro Dumas figlio, ed ora ti faccio quasi una colpa del tuo metodo, della tua tecnica, della tua forma teatrale, o quanto meno scuso e giustifico il pubblico che non ha decretato il successo pieno e caloroso all'ultima opera tua. Ebbene, cercherò di spiegarmi, col minor numero di parole possibile.

Due creature si amano appassionatamente. Dopo sei anni di matrimonio, sono ancora i due innamorati del primo giorno. Da questa unione non son nati figliuoli, per colpa del marito. Colpa, s'intende, nel senso di difetto. Che la colpa è di lui ce lo apprende il dramma. Laura, la moglie, ch'è pittrice dilettante, se ne va tutta sola a dipingere dal vero in un giardino deserto. Un bruto l'aggredisce e la possiede. La portano a casa, tramortita e disperata. E disperato è Giorgio, il marito, quando apprende la sventura.

Disperato non di pietà, ma di gelosia e di odio. È il maschio in eterno amore che vuol essere il possessore unico del corpo idolatrato. E quel corpo fu contaminato. La sua gelosia è così insensata da spingerlo sino all'odio verso la povera creatura che fu aggredita e assalita, ignara e nolente. Lo scempio non fu fatto a lei sola – gli dicono il suo cuore e i suoi sensi – ma anche a lui; e in nessun altri più che in lui stesso – neppue in lei! – l'orrore può essere più vivo e più crudo. La sa innocente; ma invitato, scongiurato ad aver compassione di quella sventurata, egli afferma che la compassione vera sarebbe quella di ucciderla, in nome dell'amore pazzo che li lega e che fu contaminato. Ella non ha colpa. Ebbene ciò aggrava lo strazio in questo amante fremebondo. Se ci fosse colpa sarebbe offeso il suo onore, e potrebbe vendicarsi. Così, è offeso l'amore, e l'amore soltanto, senza rimedio...

Questo, amico mio, è del Pirandello, del più puro e del più schietto. Lo è nella sostanza, ma lo è sopra tutto nella forma. Il tuo Giorgio non parla con passione. Nelle sue parole non c'è passione e non c'è strazio. Le sue parole sono sottili e esasperate; non sono appassionate. Tu lo fai ragionare e prorompere con l'amico, il tuo Giorgio. E il pubblico ascolta freddo, non lo capisce, non penetra nel suo animo – stavo per dire nel suo corpo – non afferra, e gli rimane ostile. Si riconcilia con lui, è vero, al finale dell'atto; quando Laura entra, e lo guarda, e si offre; ed egli, subito vinto dall'ebbrezza del contatto, l'abbraccia, la stringe, la copre di baci. Ma è un attimo. Ed è un attimo muto.

Io mi domando – (sai, ogni uomo di teatro ama di rifare a proprio modo le commedie degli altri) – se Giorgio non apparirebbe più chiaro, più evidente, forse più umano, certo più appassionato, quando non con l'amico egli si sfogasse, ma con la moglie. Fai che l'aggredisca e la carezzi, che la insulti e la baci, che la martirizzi e la branchichi, che la batta e la prenda... Sarà una scena di passione...

– Ma...

– Ma non sarebbe più Pirandello, hai ragione. Sarebbe un altro, di quelli che il pubblico applaudisce sino a rompersi le mani. E andiamo innanzi.

Giorgio e Laura si riconciliano. Cioè, Giorgio dimentica. O si sforza, o finge a se stesso di dimenticare. È innamorato di quella creatura. Non può vivere senza di lei. E lei, Laura, ama ancora di più il suo innamorato, disperatamente, follemente, con tutta la febbre dei sensi... Me l'hai detto tu, tra il primo e il second'atto, nell'ufficio del Talli. «Vai a sentire.» Sono andato a sentire. Ho sentita, tra moglie e marito, una scena di tenerezza. Passione? Passione sensuale? No. La più ingenua delle signorine – se c'è ancora una ingenuità completa, assoluta, irriducibile – può udir quella scena senza arrossire e senza turbarsi... Senonché – siamo al terzo atto – Laura è incinta. L'innesto. Ed ecco il secondo dramma. Quando Giorgio apprende questa sua paternità putativa, non ne vuol sapere. Per sei anni non ebbe figli. Quello che sta per arrivare è di colui. No, dev'essere soppresso. E allora è Laura che insorge. Insorge non in nome della maternità – vecchio tema abusato, e tu, amico mio, rifuggi dai vecchi temi abusati – ma in nome dell'amore. E questo è tuo, e questo è magnifico! L'innesto? Che conta? Che vale? Ci son donne che non possono figliare. Una operazione chirurgica la mette in grado di essere madri. L'obbrobrio ch'ella subì equivale a quell'operazione chirurgica. Ma ella non ne ha memoria, non le è rimasta neppure l'immagine del chirurgo. Nulla. Ed amava Giorgio, e lo ha amato ancora di più, dopo, e (ricordo le frasi che ho udite dianzi, non so se le ripeto esattamente) è quasi morta di amore per lui, si è fatta sua come nessuna donna è mai stata d'un uomo, ha voluto averlo tutto in sé, si è voluta tutta di lui. Con ciò, ha cancellato e ha distrutto. E se è una follia, ebbene, ha sperato di aver trascinato anche lui nell'ardore di quella follia; era convinta che nel nascituro vedrebbe lei stessa, tutta lei stessa, *sua* nel figlio *suo*, *suo* perché di tutto il suo amore per lui, per Giorgio; il figlio veramente, sebbene idealmente, generato da quell'amore, nutrito da quell'amore, nato in forza di quell'amore... Egli non può? Non vuole? Tanto peggio. Ella se ne andrà, per sempre. A che scopo sopprimere il nascituro, se sopprimerlo vorrebbe dire distruggere la sua bella, la sua santa follia, annientare il suo sogno, uccidere il suo amore?

No. Ella non se ne andrà. Giorgio, ch'è un debole, ha però una fede incrollabile: crede nell'amore di Laura. Ci crede perché ne ha bisogno come dell'aria e della luce? Forse. Ma ci crede. Ella gli rimarrà d'accanto...

Ebbene, mio caro Pirandello, hai visto? Il pubblico, che ti aveva quasi abbandonato al secondo atto (l'atto che tu ami di più, mi hai detto, ma che non è che un ponte, e che teatralmente non vale, perché non fa procedere l'azione) tu l'hai ripreso al terzo. L'hai ripreso non soltanto con l'originalità della situazione, con la profondità del pensiero dominatore, con l'aristocratica e semplice elevatezza delle parole che Maria Melato disse da attrice di prim'ordine; ma anche perché, finalmente, fosti qui un po' meno scheletrico del consueto; e pur rimanendo il probo e raffinato scrittore che conosciamo, ti sei prodigato sino a quel minimo che occorre sul teatro affinché il pubblico – un pubblico non di lettori ma di ascoltatori, non dimenticarlo! – capisca, penetri ed apprezzi.

– Ma...

– No, niente, ho finito. Ho detto che fosti Pirandello anche questa sera, ed è la verità. Dal come mi avevi annunziato *L'innesto*, mi ero allarmato. Perché il giorno che tu non fossi più tu, non ci sarebbe più una ragione che tu scrivessi per il teatro. Ma quando scrivi *L'innesto* o *Se non così*, non ti stupire se il pubblico non ti decreta le corone d'alloro. Se alle corone d'alloro ci tieni, devi – rimanendo Pirandello nella sostanza – sforzarti di esserlo un pochino meno nella forma. Non pletorico; non verboso. Non la *scène à faire*; non la trappola... no, per carità! E non ti dirò neppure di buttarla proprio in soldoni alle platee, in modo che queste non debbano fare nessuna fatica per

comprenderti, per penetrare nel tuo pensiero; ma un po'
meno scheletrico, sì; dir tutto, chiaramente, e qualche volta, qualche rara volta, ripetersi, è necessario...

    – Ma...

    – Ma tu non sai. Già. Me lo hai detto più volte. Quan-
do hai scritta la parola che dice, che esprime, che significa, non sai aggiungerne una di più. È una delle caratteri-
stiche più aristocratiche del tuo ingegno. Ma così, vedi,
L'innesto avrà forse una breve vita. E sarà un vero peccato. In questa grande ora del rinnovamento sociale e dell'e-
levazione dello spirito umano, roba come la tua, che non è
mai robetta, dovrebbe essere, se non il pane quotidiano,
un cibo intellettuale da offrirsi in abbondanza al pubblico,
specialmente al *nuovo* pubblico che affolla i teatri. Servi-
rebbe alla sua educazione... Se non vuoi, se non puoi, non
scrivere più dei drammi che vorrebbero essere passionali,
e sono così sottili, e sono tutti delle anime, delle anime
più tormentate e più tormentose. Attienti all'*humour*, al
paradosso, all'ironia, alla beffa, alla tua divertente filosofia; e sii scheletrico sin che t'aggrada. Il pubblico ti ap-
plaudirà, e gli parrà di divertirsi soltanto. Ma tornando a
casa, o il dì dopo, sentirà che gli è rimasto dentro qualcosa...

    – Ma...

    – Ah no, basta! Ti ho zuppificato abbastanza! Buona
notte...

(Marco Praga, *Cronache teatrali 1919*, Treves, Milano 1920, pp.
32-45)

LA STRONCATURA DI GRAMSCI

Un paio di mesi dopo la prima milanese *L'innesto* va in scena a Torino. Antonio Gramsci non arretra di fronte alla stroncatura più esplicita, anche se sembra intuire che certe difficoltà della scrittura pirandelliana nascono dalla delicatezza di un tema ovviamente assai scabroso per un pubblico borghese tradizionale.

«L'innesto» di Pirandello al Carignano. Esiste nell'arte del giardinaggio una forma di innesto che si pratica nel mese d'agosto e si chiama innesto *a occhi chiusi.* La pianta accoglie «amorosamente» il tallo, col quale la mano rude ma esperta del villano la violenta, lo assimila al suo amore, al suo desiderio di frutto, lo accoglie a «occhi chiusi», nutrendolo della sua follia, di tutta la sua vita che aspira alla maternità, alla creazione di nuove vite. Chi domanderà alla innocente pianta l'origine legittima della sua fecondità? Anche la signora Laura Banti è una sterile pianta, violentemente aggredita da uno sconosciuto villano, la quale ha ricevuto a «occhi chiusi» il germe vitale che la renderà madre, e lo ha assimilato alla sua vita, al suo amore, e lo ha nutrito di tutto il suo spirito, del quale è essenziale parte lo spirito, l'amore e il corpo fisico del consorte legittimo. Solo che questo legittimo e ben individuato consorte ha i suoi scrupoli e la sua suscettibilità e la sua volontà che sono due con quelli della moglie e non solo uno come nello stesso fiore sterile il pistillo e il gineceo che compiono il rito fecondatore senza nulla generare. Come venga superato lo stato d'animo di Giorgio Banti, come Giorgio Banti finisca col dividere la follia amorosa di sua moglie e

accettare per suo (*credere* suo) il figlio nascituro, dovrebbe essere argomento di questi tre atti del Pirandello.

Il quale non ha voluto e non ha osato affrontare apertamente la concezione elementare della commedia: un figlio è solo fisica generazione, mero prodotto di un accoppiamento casuale, oppure è amore essenzialmente, nuova vita che scocca dalla fusione intima permanente di due vite? e ha irrigidito un'azione, ricca di umanità e di liricità, intorno a una fredda metafora da giardinaggio, e ha finito col credere, un po' anch'egli, all'accostamento artificiale tra gli uomini e le piante e ha presentato questo problema sessuale, che è poi fondamentale nella vita degli uomini, avvolgendolo in una artificiosa bambagia di dialogo a mezzi termini, ad accenni, a furtività sentimentali, accatastando tre gradi di vita in cui il problema si presenta (la pianta, una rozza villanella e la spirituale signora Banti), quasi non sapesse come esprimere al pubblico e come organare in atto la concezione che pure era chiara nella sua fantasia.

Sono stentati i tre atti, prolissi nella loro secchezza e congestione. L'argomento è posto, ma non vivificato, la passione e la follia sono presupposte, ma non rappresentate. Il Pirandello non ha neppure realizzato una di quelle sue «conversazioni» drammatiche, che se non conteranno molto nella storia dell'arte, avranno invece molta parte nella storia della cultura italiana.

(Antonio Gramsci; *Letteratura e vita nazionale*, Einaudi, Torino, 1953, pp. 351-352)

ANCHE TILGHER SI ALLINEA

La prima romana dell'*Innesto* è del 21 maggio 1919, ma il suo destino è ormai segnato da mesi. Nemmeno l'intelligenza solitamente acuta di Tilgher riesce ad aprire spiragli interpretativi più disponibili. Sia pure con maggiore articolazione di pensiero, Tilgher non riesce che a riproporre tesi critiche che abbiamo già visto affiorare nelle recensioni di Praga e di Gramsci.

Sposi da sette anni, Laura e Giorgio si amano con passione profonda, con dedizione incondizionata di tutto il loro essere. Ma nessun figlio è venuto ad allietarne l'unione: Laura, quindi, per Giorgio non è la madre delle sue creature, ma solo la donna violentemente desiderata ed amata. Senza essere soltanto fisica, la passione di lui splende di luce foscamente sensuale, palpita e freme di brividi carnali.

Perciò il giorno in cui Laura torna a casa ferita e sanguinante, vittima della violenza odiosa che un bruto le ha inflitto mentr'ella stava dipingendo in una villa solitaria, Giorgio sente il suo amore colpito nella radice stessa dell'essere suo. Laura è stata di un altro: un altro ha posseduto quel corpo che doveva essere il tesoro e la delizia dei suoi baci. Laura, certo, dell'oltraggio patito non ha colpa alcuna: la sventura che si è abbattuta su lei la fa degna di compassione: ma per l'appunto il dolore di Giorgio è fatto più cocente e vivo dal dovere della pietà che ora gli è imposto, dalla lucida coscienza che egli ha che di quanto è accaduto sarebbe ingiusto e folle fare cadere su Laura la colpa e la pena. Per qualche istante egli sente quasi di odiare Laura per il fatto stesso che odiarla egli sa che sarebbe ingiustizia e follia. Per sottrarsi a tanto tormento sta per fuggire, quand'ecco comparirgli innanzi la donna muta e dolente, e dinanzi a quel vivente dolore i propositi creati in lui dal suo cupo rancore cadono a terra, ed egli piangendo accoglie fra le braccia Luara piangente, in un impeto di amore che la comune sventura rende più intimo e dolce, più profondo e pur nella terribile amarezza, più soave.

Li troviamo qualche mese dopo in una villa dove, dopo la terribile bufera, hanno nascosta la rinnovata primavera del loro amore. Un vecchio giardiniere spiega a Laura come abbia luogo l'innesto delle piante. Perché la pianta innestata butti frutti è necessario che abbia subito l'innesto quando era *in succhio*, quando cioè, come donna innamorata, desiderava ed invocava il frutto, quasi dolendosi di non poterlo produrre con le sole sue forze. E Laura che avverte in sé i primi fremiti di una nuova vita che le germoglia nel seno, riflette pensosa su quanto il vecchio giardiniere le ha detto.

Se in lei una nuova vita poté germinare, non fu forse perché era anche essa in istato quasi mistico di attesa, e come punta dalla struggente nostalgia di un frutto nel quale si perpetuasse il suo amore? Ora che importa da che parte sia venuto il germe, e quale mano lo abbia innestato sulla pianta della sua vita, se in quel mistico stato di aspettazione e di desiderio, condizione necessaria perché il germe divenga frutto, essa fu per Giorgio e per Giorgio soltanto

Come la pianta l'innesto, anche Laura ha trasfuso in sé assorbita e fatta sua, con la forza dell'amore che le viene da Giorgio, la nuova vita germinata in lei: questa è, dunque, veramente e soltanto frutto del suo amore.

Ma dinanzi alle conseguenze del fatto da lui già accettato e dimenticato, Giorgio si ribella, come già s'era una prima volta ribellato al fatto: egli vuole che Laura distrugga in sé una vita che non le viene da lui. Ma Laura non vuole: quant'ella patì lo ha cancellato e distrutto col suo amore: quanto è in lei di vita le viene da Giorgio e come può Giorgio disconoscere come sua quella vita che freme e si agita in lei? Che ama egli dunque di lei, se esige che ella distrugga in sé quanto – da qualunque parte sia venuto in lei – ora con lei fa tutt'uno e, come ella stessa, non vive che della vita che gli viene dal suo amore? Dinanzi a tanta violenza di passione Giorgio china il capo, se non del tutto persuaso, vinto e sopraffatto: l'amore di Laura trionfa, trionfa per sé, per la vita che ella porta in seno, per Giorgio stesso.

È evidente in questo lavoro il proposito del Pirandello d'infliggere una smentita a coloro che l'accusavano di freddo intellettualismo e di lambiccato cerebralismo e di presentare al pubblico un dramma tutto fatto di passione e di dolore umano. Ma è egli riuscito a tener lontano il demone del cerebralismo ed a mantener fede all'impegno preso? Il primo atto ci sembra, senza alcun dubbio, fra i migliori che Pirandello abbia scritto: l'autore balza nel centro stesso dell'argomento con uno slancio violento e risoluto, ghermisce con piglio duro e deciso la situazione drammatica, e non se la lascia sfuggire. L'azione si svolge senza deviazioni e inutili distrazioni: le scene si incalzano rapide, violente, affannose, ma, insieme, obbedendo ad una profonda necessità, ad una intima spontaneità. La situazione è terribilmente scabrosa e difficile, ma l'autore la tratta con delicatezza e tatto squisitamente fini e direi quasi femminili pur proiettandovi sopra una luce cruda e violenta, senza ombre.

V'è in questo ammirabile primo atto una umanità e verità profonde: l'arte teatrale vi appare nella sua più profonda essenza, una riflessione sulla vita, la quale ci presenta depurato di ogni elemento irrazionale contingente arbitrario quel miscuglio d'irrazionalità e di razionalità, di contingenza e di necessità, di arbitrio e di logicità che si suole chiamare la vita vissuta e ce lo porge nei suoi lineamenti elementari nel suo ritmo essenziale, sì che in esso gli uomini riconoscono e ritrovano sé stessi. È perciò che l'arte teatrale degna di questo nome è sempre universale ed umana.

Ma gli altri due atti sono lungi dall'essere all'altezza del primo, e specialmente il secondo atto. Il cerebralismo vi fa sempore capolino, e in qualche momento finisce per dominare la scena, cacciandone via la passione umana. L'azione scenica, che nel primo atto procedeva con rapidità travolgente, succhiando come in un gorgo l'attenzione dello spettatore, si allenta e ristagna. Il lavoro guadagnerebbe molto concentrato in due atti. Il parallelismo quasi geometrico fra il primo atto e gli altri due (identica la situazione, i personaggi, il trapasso degli stati d'animo) delude e stanca lo spettatore. E quel che si svolge sulla scena non lo convince della bontà e necessità della soluzione. Ci s'intenda bene: non che ciò che Giorgio e Laura sentono e fanno sia fuori dell'umanità e della verità del loro dramma, sono le ragioni per cui ci appaiono sentire e fare quel che sentono e fanno. Abbandonandosi alla passione profonda che li travolge, essi sarebbero arrivati egualmente dove Pirandello li fa arrivare; il suo torto è che ve li conduce a furia di immagini simboliche, di argomentazioni raffinate, di ragionamenti sottili e capziosi. Anche qui il demone del cerebralismo gli prende la mano; sotto l'apparente violenza passionale dei protagonisti ne è ben visibile la punta della coda. È mancato al Pirandello il coraggio di affrontare la situazione in tutta la sua crudità e gli ha fatto difetto l'abilità squisita con cui aveva girato gli ostacoli nel primo atto. La violenza spesso parossistica dei due personaggi dissimula male il procedimento nettamente intellettualistico dell'azione tutto dominato dal simbolismo di un'immagine. Di Giorgio e Laura l'autore ha fatto due creature troppo esclusivamente passionali perché si riesca a concepirle dominate da altra forza che da quella della passione. Non un sottile e artificioso simbolismo di immagini, ma soltanto la purificazione, sotto il colpo della sventura, della sua passione, troppo esclusivamente fisica e sensuale in un affetto più dolce e soave, più intimo e profondo, rivolto più all'anima e meno al corpo, può giustificare la rassegnazione di Giorgio all'orribile fatto ed alle conseguenze di esso. Ora, è il processo di questa purificazione che non si vide nemmeno accennato, nel che consiste la manchevolezza essenziale di quest'opera, che pure ha pregi singolarissimi di esecuzione e frammenti di squisita bellezza.

Le accoglienze del pubblico furono assai più fredde che il lavoro non meritasse: il sipario si chiuse tra contrasti violenti, suscitati dall'intemperanza di una scostumata ed insolente minoranza sconciamente irrispettosa verso uno sforzo d'arte nobile e sincero, se anche non del tutto riuscito.

Il Betrone fu un Giorgio di travolgente irruenza e di concitata foga passionale: egli colorì assai efficacemente la sua parte. In certe mute pause di silenzio di dolore di sbigottimento, in certe intense espressioni di angoscia lacerante, di violenta ribellione, di mistica dedizione, di gioia trionfante, Maria Melato calcò vittoriosamente i vertici più sublimi dell'arte.

(Adriano Tilgher, *Il problema centrale (Cronache teatrali 1914-1926)*, a cura di Alessandro D'Amico, Edizioni del Teatro Stabile di Genova, Genova 1973, pp. 79-83)

IL FIASCO DI «L'UOMO, LA BESTIA E LA VIRTÙ»

L'uomo, la bestia e la virtù è allestita per la prima volta dalla compagnia di Antonio Gandusio, al Teatro Olympia di Milano, il 2 maggio 1919. Uno dei fiaschi più colossali di tutto il teatro pirandelliano, come dimostra la recensione di Praga pubblicata il 5 maggio.

Questa cronaca è lunga e non ho più spazio da dedicare a *L'uomo, la bestia e la virtù.* Tanto meglio. Quando non si può sciogliere un inno a quel grande artista che è Luigi Pirandello, si tace volentieri. La sua ultima commedia, ch'egli ha chiamata *apologo,* ha fatto un capitombolo. L'ha chiamata *apologo,* perché sotto l'apparenza della farsa egli ha voluto mettere qualcosa, una satira tragica e atroce, e ha sperato che il pubblico ce la vedesse, potesse vedercela: una maschera da trivio imposta ai voleri astratti, morali e religiosi, dell'umanità: il pasticcio afrodisiaco consacrato come un'ostia sulla mensa, altare della Bestia; l'adorazione della Virtù, incinta di due mesi, e dipinta come una meretrice, in atteggiamento di *Ecce ancilla domini,* davanti alla porta della Bestia... Il pubblico non ha visto tutto ciò. E non poteva vedercelo, vorrei che Luigi Pirandello se ne convincesse. Tutto ciò era, soltanto, nel cervello tormentato e nella tormentata fantasia dell'autore. Lì, sulla scena, non c'è che una farsa. Deliziosa al prim'atto, gaio, movimentato, ricco di episodi, pieno di trovate gustose (i due allievi, il ragazzo, come si presenta quella donna, e la scena tra il professore ed il medico); monotona, fastidiosa, tediante, povera e urtante nel secondo e nel terzo.

Il pubblico – non era, forse per la prima volta, il pubblico facilone del dopoguerra – fu severo, ingiustamente sin dal prim'atto, giustamente poi. Bisogna anche dire però che a infastidirlo più in fretta concorsero due fatti: la commedia la udì tutta due volte, prima del suggeritore poi dagli interpreti; e il Gandusio – nella commedia parla quasi sempre lui – recitò in modo così agitato così affannoso così epilettico da togliere il respiro.

Che peccato! Una farsa d'arte perché non si dovrebbe saperla scrivere anche al di d'oggi, e da noi?

E ho riletto *La Mandragola* e *Il Candelajo*. Per rifarmi la bocca.

(Marco Praga, *Cronache teatrali 1919*, cit., pp. 102-103)

IL GIUDIZIO PIÙ GENEROSO DI D'AMICO

La recensione di Silvio D'Amico che presentiamo è del 25 giugno 1922 e si riferisce a un nuovo allestimento di *L'uomo, la bestia e la virtù*, ad opera della compagnia di Arturo Falconi. Il critico mostra di non condividere i giudizi moralistici del pubblico che aveva condannato la *pièce* principalmente proprio per il suo carattere licenzioso e pesantemente farsesco.

Non vi sappiamo dire come resti il trasparente signor Paolino, professore privato, quando facendo ripetizione ai suoi scolari Giglio e Belli si vede a un tratto arrivare in casa, disperatissima, la giovane, bella e virtuosa amica sua signora Perella, venuta a confermargli una temuta notizia.

Bisogna sapere che la signora Perella è moglie di una specie di orso, o diciamo pure, per esser conformi alla tradizione, un lupo di mare; un capitano di lungo corso, il quale dopo essersi fatto regalare da lei un primo – e unico – figliuolo, Nonò, ha preso l'abitudine di farsene regalare altri da un'altra donna che se ne sta a Napoli, e da quella sola. Quando, dopo le sue assenze di due, di tre mesi, il capitano sbarca per ventiquattr'ore in famiglia, trova immancabilmente il pretesto per fare una solenne litigata con la moglie, e per ritirarsi con sdegno a dormir solo in camera sua, tirando bene il paletto. Motivo per cui la buona, dolce, passiva e virtuosissima signora Perella, dopo aver molto pianto e sospirato sull'iniquità della propria sorte, ha finito con l'accettare le consolazioni offertele dal suo devoto amico il professor Paolino.

Ma dicevamo che ora la signora Perella viene a dare al

professore la conferma di un fatto terribile: di certe nausee, di certi conati, che la travagliano, e che le fanno legittimamente ritenere di non esser più, da due mesi, nello stato normale. Che succederà mai se il capitano Perella, il quale deve arrivare proprio oggi per ripartire domani, se ne accorgerà? Che succederà mai se, pur ripartendo domani senza essersi avveduto di cotesti fenomeni, si accorgerà fra qualche tempo, come pur dovrà accadere, degli avvenimenti sicuri ch'essi annunziano? Data la consuetudine della lite regolamentare, con conseguente ritirata in camera propria, e paletto alla porta, il capitano Perella non potrà aver dubbi di sorta. E allora? E allora?

Noi non vogliamo insinuare che il signor Paolino, disperandosi di quanto sta per accadere, si disperi per la paura della sua propria sorte, di pallido giovinotto nervoso e "intellettuale" che sente avvicinarsi un terribile confronto col cinico e brutale omaccione. Noi vogliamo fargli larghissimo credito, e ammettere ch'egli sia spaventato per la sorte della signora; e, più che per la sua sorte materiale, per la sua virtuosa riputazione: perché virtuosa, ah sì, la buona signora è; e tutta la colpa di quel ch'è accaduto pare del bestiale marito. Dunque salvarla! Salvarla a ogni costo! Ma come?

Tremando, il professore Paolino, non ha visto che un mezzo di salvezza. Bisogna che questa notte – assolutamente questa notte, perché domani il capitano ripartirà per un lungo viaggio, e la signora Perella, l'abbiamo detto, ha fatto il conto: già due mesi! – il lupo di mare non litighi con la moglie, non si ritiri in camera sua, non tiri il paletto alla porta. *È necessario*. E il professor Paolino ricorre ai buoni uffici dell'amico dottor Pulejo, e di suo fratello farmacista, perché gli offrano i mezzi di mettere il capitano Perella, diciamo così, in un tale stato d'animo, da costringerlo a essere, per quella sera, il marito di sua moglie.

Ed ecco dunque come avviene che la sera stessa il professor Paolino, invitato a pranzo dai Perella – il capitano è veramente un orso; e, per rabbonirlo e sedurlo, la sua sposa s'è truccata invano con le ingenue sfrontatezze impostele da Paolino in nome della virtù – offre discretamente agli ospiti un bel dolce; un dolce di suadenti apparenze e di accorta confezione. Il dolce è metà di crema e metà di cioccolata; e il povero professore n'ha da sudare di camicie per tutto il second'atto, a far sì che la perfida cioccolata arrivi a destinazione, mentre alla signora Perella e, soprattutto, al moccioso Nonò sia riserbata l'innocente crema. Ma dopo l'inaudita serie di avventure che si deve attraversare per giungere faticosissimamente a questo risultato, l'orso fa la solita scena, e si va a rinchiudere furiosamente, come di prammatica, in camera sua, tirando il paletto alla porta. Che fare? Non c'è che da aver fede in una risipiscenza, prodotta dalla cioccolata. E la povera signora Perella, truccata e tremante, siede su una poltrona, dove resterà in attesa tutta la notte; e assicura il disperato Paolino che, se le cose andranno bene, un vaso di fiori sul balcone gliene darà il primo annuncio la mattina dopo.

Ma la mattina dopo (atto terzo), mentre la vecchia serva va in giro per la stanza pronunciando frasi ambigue e lamentandosi d'un curioso mal di reni, il capitano Perella, affacciandosi sbuffante al balcone, vede disotto il professor Paolino col naso all'aria, e lo invita a salire per prendere il caffè. Paolino sale, e non nasconde la sua desolazione. Niente vasi di fiori; anzi, certe parole altezzose della serva dell'orso rivelano chiaramente che il padrone dev'essersi preso strane confidenze con lei. Paolino teme di comprendere; allibisce; scoppia; inveisce, con un discorso incomprensibile al capitano, contro i pessimi mariti e le orrende conseguenze della loro condotta. E chissà cosa accadrebbe, se non arrivasse in tempo la signora Perella in vestaglia mattutina, a pregare Paolino di aiutarla a mettere i fiori sul balcone.

– Un vaso? – Ma che uno! Due, tre, quattro, cinque; cinque vasi, tutti in fila sulla balaustra! (E non è escluso che anche la serva, se possedesse un coccio con dentro un garofano o un geranio, non avrebbe ragione di metterlo sul balcone anche lei). Paolino finalmente respira, e stringe commosso la mano al capitano. Chi di loro due è l'uomo, e chi la bestia? Bah; l'importante è questo: che la Virtù è stata salvata.

Un esegeta dell'opera di Pirandello che ignorasse la vera data di questa commedia (ha tre anni di vita, o poco più), sarebbe tentato di metterla subito dopo le prime cose da lui scritte pel teatro, e precisamente dopo *Liolà*. Come in *Liolà*, qui si sente l'uomo colto, il letterato, l'umanista che ha avuto presenti al suo spirito i grassi e piacevoli intrighi della vecchia novellistica e della vecchia commedia classica. Ma in *Liolà* Pirandello s'è, una volta tanto, abbandonato con gioia piena e spensierata al canto, pago di riposarsi nel profumo agreste della sua buona terra natale. Qui invece, se l'intreccio sa di Cinquecento, chi l'ha trattato è bene il tormentatissimo nostro contemporaneo Pirandello del *Fu Mattia Pascal* e di quelle che oggi si chiamano *Novelle per un anno*. E la commedia ha l'aria di esser stata concepita, in origine, come una facezia grassoccia, senza importanza; e poi d'essersi, a mano a mano che essa veniva componendosi, a mano a mano che i personaggi prendendo corpo si distaccavano dal poeta come per vivere autonomi, impregnata di inquietudine, di dolore e di disperazione.

Ed è per questo che, nonostante l'argomento, *L'uomo, la bestia e la virtù* non è l'opera licenziosa che s'era detto; trattata com'è non solo con una correttezza di forme che non lascerebbe intender niente a una fanciulla, ma, in fondo, con castità. Perché quello che veramente ha finito con interessar l'autore è stata la esasperazione di Paolino, proteso al salvataggio della "Virtù" della buona signora Perella: tutti i particolari afrodisiaci non sono che in funzione di questo suo spasimo, e non hanno, credo, nessuna suggestione sensuale sullo spettatore intelligente.

Ma d'altra parte è appunto questa intenzione alquanto vaga che lascia l'opera a mezz'aria, in un'atmosfera incerta. Soltanto comica non è davvero: basti pensare allo strazio dei suoi due protagonisti, specialmente dell'uomo, che se al prim'atto può far ridere, al secondo fa pietà – o fa rabbia. Ma è umoristica? Dalla grottesca situazione si giunge a una significazione umana? E a quale? Alla satira della morale formale, dell'ipocrita mondo borghese? Della Virtù che si salva salvando le apparenze, con quella razza di maneggio? Dell'amante che arriva a farsi strumento dell'amor coniugale, con l'aria di tutelare l'onore della donna mentre poi in fondo tutela soprattutto se stesso e la sua viltà?

Certo l'intenzione fu questa. Ma a noi par che l'opera viva, soprattutto, pei suoi particolari. Innumerevoli e saporosi particolari, di un gusto aspro e violento; tutto il prim'atto, giuocato sul *Leitmotiv* degli scolari che riportano continuamente il povero professore dalla sua intima tragedia alla miserabile farsa quotidiana, è perfetto; squisita di perversità la scena dell'amante che acconcia la donna come una viziosa, perché seducendo a cotesto modo il marito salvi (!) la propria virtù; teatralissima la situazione dei convitati intorno al dolce al second'atto, e teatralissima la conclusione affidata ai vasi di fiori. E tutto è trattato con uno spirito originale, e in tutto s'avverte un sapore acre e nuovo, non conosciuto nel teatro nostro prima che Pirandello v'apparisse.

Il vivacissimo e lodevolissimo Corrado Racca, Paolino, dovendo dar vita a un'esasperata creatura, in qualche momento finì con l'apparire monotono, come monotono sembrò presto Arturo Falconi, nelle persistenti furie dell'intrattabile capitano; ma dubitiamo che il difetto sia insito nell'opera, nella sua atmosfera incandescente, nei suoi toni furibondi, mantenuti immobili per tre atti. Graziosa la Menichelli nella parte della signora Perella; contenuti il Migliari, il Fossi e la Almirante nelle parti del dottore, del farmacista e della serva; esagerati quasi tutti gli altri (salvo il marinaio) nelle altre macchiette.

Quindici chiamate, delle quali molte all'autore, cui il pubblico fece una calda dimostrazione. Oggi prima replica.

(Silvio D'Amico, *Cronache del Teatro*, a cura di E.F. Palmieri e A. D'Amico, Laterza, Bari 1963, vol. I, pp. 329-333)

INDICE

Tutte le opere di Luigi Pirandello
in edizione Oscar

ROMANZI

L'esclusa
Il fu Mattia Pascal
Quaderni di Serafino Gubbio operatore
Suo marito
Il turno
Uno, nessuno e centomila
I vecchi e i giovani

TEATRO

L'amica delle mogli - Non si sa come - Sogno (ma forse no)
Il berretto a sonagli - La giara - Il piacere dell'onestà
Diana e la Tuda - Sagra del Signore della nave
L'innesto - La patente - L'uomo, la bestia e la virtù
Lazzaro - Come tu mi vuoi
Liolà - Così è (se vi pare)
Ma non è una cosa seria - Il giuoco delle parti
La morsa - Lumie di Sicilia - Il dovere del medico
La nuova colonia - O di uno o di nessuno
Pensaci, Giacomino! - La ragione degli altri
Quando si è qualcuno - La favola del figlio cambiato -
    I giganti della montagna
Questa sera si recita a soggetto - Trovarsi - Bellavita
Sei personaggi in cerca d'autore - Enrico IV
La signora Morli, una e due - All'uscita - L'imbecille - Cecè
Tutto per bene - Come prima, meglio di prima
Vestire gli ignudi - L'altro figlio - L'uomo dal fiore in bocca
La vita che ti diedi - Ciascuno a suo modo

35648
1999

"L'innesto – La patente – L'uomo, la bestia e la virtù"
di Luigi Pirandello
Oscar Tutte le opere di Pirandello
Arnoldo Mondadori Editore

Questo volume è stato stampato
presso Arnoldo Mondadori Editore S.p.A.
Stabilimento Nuova Stampa – Cles (TN)
Stampato in Italia – Printed in Italy